Julian Irlinger
GIFT

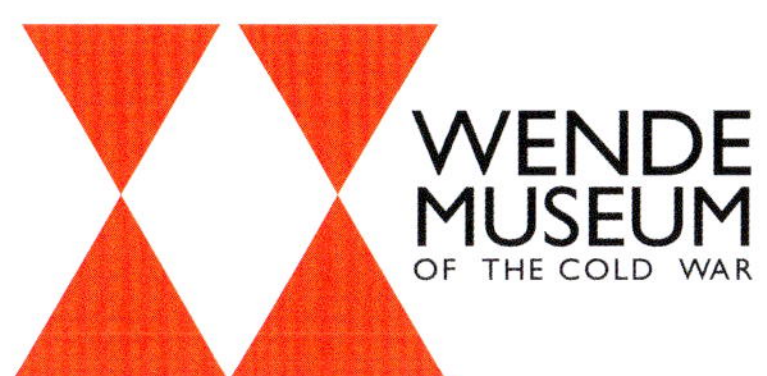

Los Angeles, January 25, 2020

To whom it may concern,

The Wende Museum of the Cold War will accept a donation by Julian Irlinger to the Museum's collection. The donation will serve as an historical artifact for exhibition and research purposes. It will consist of documents and photographs which concern a building in the town of Schönebeck an der Elbe. The donation material relates to the inheritance, expropriation, restitution and sale of the property Böttcherstraße 3d. The Wende Museum will receive the donation following its exhibition at Galerie Wedding in Berlin (June 11, 2020 – July 25, 2020). It will then be displayed at the Museum before its placement in the archive.

Sincerely,

Joes Segal, PhD
Chief Curator and Director of Programming
10808 Culver Blvd.
Culver City, CA 90230
U.S.A.
jsegal@wendemuseum.org
www.wendemuseum.org

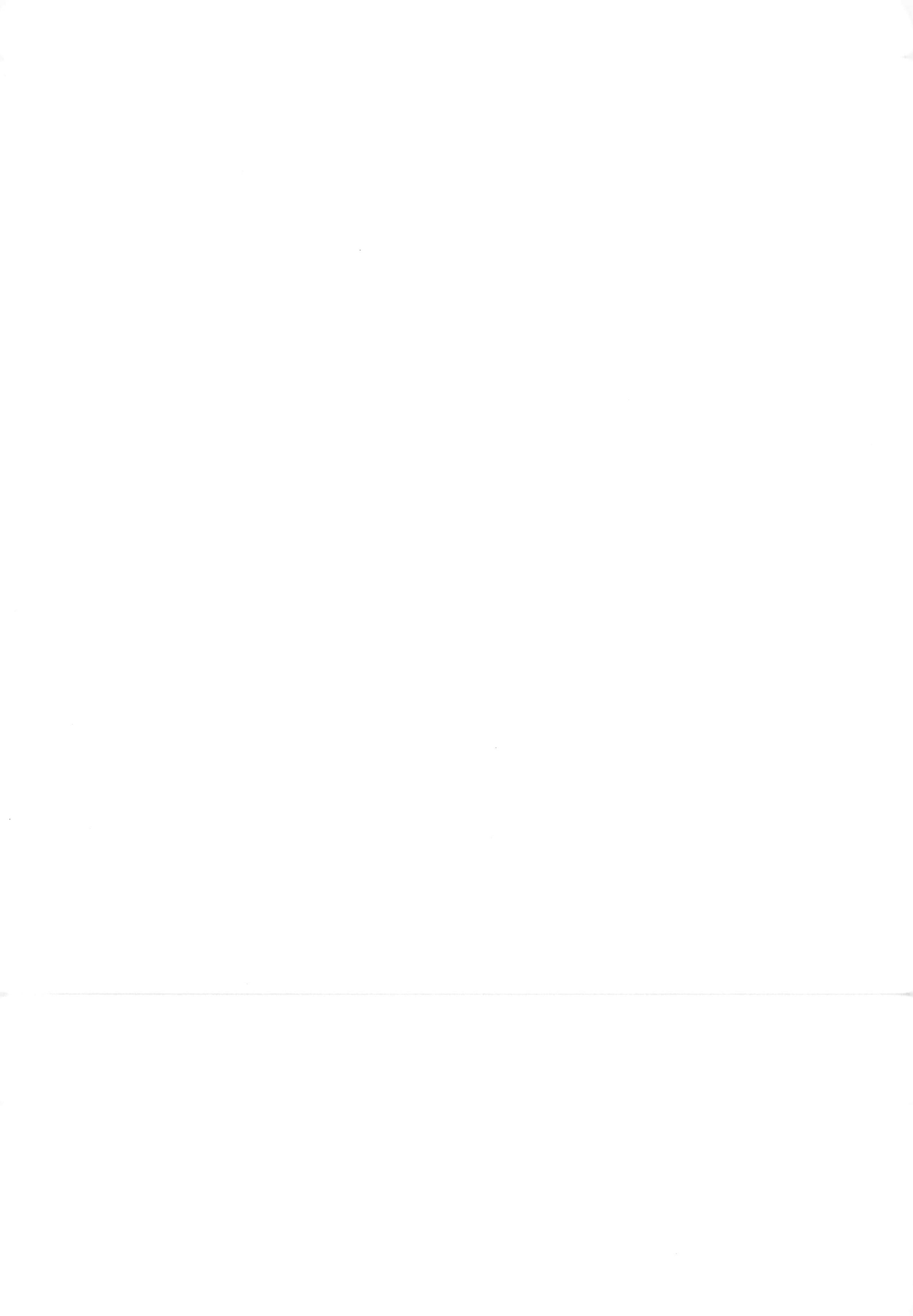

Julian Irlinger
GIFT

INHALTSVERZEICHNIS
TABELE OF CONTENTS

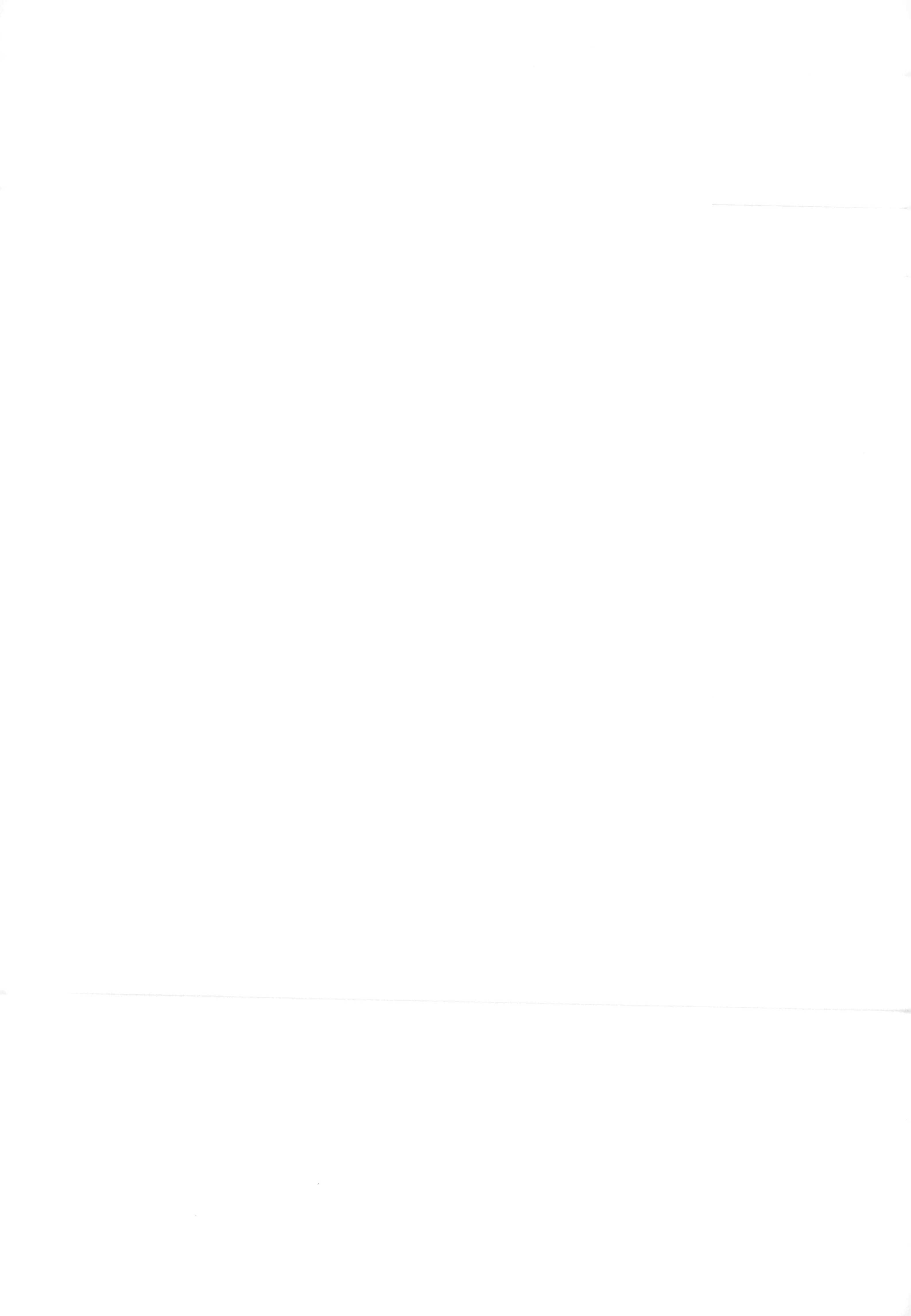

VORWORT
ÜBER DIE ANTINOMIEN DES SCHENKENS

Jan Tappe

Das Ausstellungsprojekt *Gift* des Künstlers Julian Irlinger beschäftigt sich mit Geschichtsschreibung anhand von Dokumenten, die Enteignung von Westeigentum in der DDR und deren Rückübereignung im Prozess der deutschen Einheit dokumentieren. Es setzt sich mit verschiedenen Formen der politischen und künstlerischen Aneignung, der Idee von Besitz in verschiedenen politischen Systemen und der Frage, wie diese heutzutage vermittelt und erforscht werden können auseinander. Die vorliegende Publikation führt die Dokumente des Projekts so zusammen, dass die großen politischen Unterschiede des 20. Jahrhunderts im jeweiligen Eigentumsrecht von Ost und West hervor treten. Der gemeinsame Text von Julian Irlinger und Kerstin Stakemeier verortet das Projekt in Fragen um künstlerische Produktion, Eigentum und kulturelles Erinnern, das in einer immer komplexer-werdenden gesellschaftlichen Struktur stattfindet.

Wie dieser Text beschreiben wird, ist die Geste der Schenkung[1] eine vielschichtige, die es dem Künstler erlaubt die Dokumente in das Archiv des Wende Museum of the Cold War in Los Angeles zu überführen. Sie hinterfragt die Logik der Mechanismen jüngeren DDR / BRD Geschichtsschreibung: Wer hat wie die Fähigkeit welche Geschichte zu schreiben? Gibt es die Möglichkeit Geschichtsschreibung auf materieller Basis zu beeinflussen? Und wie passen Museen im Zeitalter der Globalisierung zu diesen Operationen?

Formal besteht *Gift* aus einer Schenkung historischer Dokumente und Fotografien durch den Künstler an die Sammlung des Wende Museum. Sie werden im Vorfeld als künstlerische Arbeit in der Galerie Wedding und im Wende Museum gezeigt. Die Dokumente betreffen das Grundstück Böttcherstraße 3d in Schönebeck, das einst im Besitz der Familie des Künstlers war. Aus den historischen Dokumenten geht hervor, dass auf dem Grundstück in Schönebeck 1896 ein dreistöckiges Wohngebäude im wilhelminischen Stil errichtet wurde. Durch kontinuierliche Vererbung blieb das Grundstück im Familienbesitz bis keine direkte Nachkommenschaft mehr in der DDR sesshaft war. Durch eine Verwaltervollmacht für Freunde der Familie bestand noch Verfügung über das Eigentum, bis Grundstück und Haus auf Grundlagen des Aufbaugesetzes mit Wirkung vom 01.02.1983 in Volkseigentum überführt wurden. Durch einen Antrag auf Rückübertragung gelangte das Grundstück nach der Wende zum Großteil wieder in den Besitz der Großmutter des Künstlers. Im Anschluss an die Rückübertragung wurde das Haus dann von der Familie verkauft. Im Zuge dieses Verkaufs wurden Fotografien von einem Unternehmen zur Schätzung des Gebäudewertes erstellt, die auch Teil der Schenkung von Irlinger sind.

Die Ausstellung in der Galerie Wedding zeigt die Dokumente in einer Installation, nach der die Dokumente nach LA gebracht werden. Bei den Materialen von *Gift* handelt sich bei den Dokumenten um den einzigen umfangreich dokumentierten Fall einer Enteignung und Rückübertragung in der Sammlung des Wende Museum, der umfangreichsten Sammlung an DDR Relikten weltweit. Das Wendemuseum bewertet Dokumente dieser Art momentan nicht als schützenswert, da sie zu einer großen Zahl vorliegen und akzeptiert die Schenkung lediglich als künstlerische Arbeit. Der Übergang in die Sammlung schließt somit einen „blinden Fleck“ innerhalb der Sammlungsstruktur.

Die Veränderung des Status der Dokumente erfolgt dabei in mehreren Stufen: Zunächst sind die Dokumente in der Galerie Wedding in einem aufschlussreichen Übergangsstatus als künstlerische Arbeit installiert. Nach der Stille des familiären Archivs und vor dem zukünftigen Kontext des historischen Museums. So wird in der Galerie Wedding das künstlerische Potenzial dieser kritischen Geste sichtbar und die Verschiebung der Dokumente von der Ebene der unbeachteten Archivalien auf die eines Kunstwerkes realisiert. Außerdem ist die Entscheidung das Projekt zunächst in Berlin – der Stadt in der die Teilung der Welt zwischen Ost und West wie keiner anderen Stadt so präsent war und ist – zu zeigen eine weitere Einbettung in den historischen Kontext. Die Dokumente werden hierbei mit minimalen ästhetischen Eingriffen ausgestellt, dabei eher durch eine Auswahl und Gruppierung der Objekte beeinflusst. Dies gilt ebenfalls für die zweite Präsentation der Objekte im Wende Museum. Sie unterscheidet sich von der Präsentation in Berlin geografisch (von Berlin nach Los Angeles) und typologisch (von einer kommunalen Galerie in ein historisches Museum) und institutionell (von einer einmaligen und temporären Ausstellung zum Teil einer

1 Das Schenken oder Stiften stellt hier eine weitere Form der Eigentumsübertragung dar, die sich in die Kette, die das Haus bereits durchlaufen hat, einreiht.

bestehenden Sammlung). Diese drei Faktoren lassen die Grenze zwischen künstlerischer Arbeit und historischem Exponat verschwimmen, bevor sie dann den Status des Kunstwerkes mit dem Eingang der Sammlung fast gänzlich wieder verlieren. Die Dokumente werden vom Museum mit einer Archivnummer in die Sammlung übernommen und Irlinger als Stifter der Dokumente in den Akten geführt. Sie stehen dann durch ihre Präsenz in der Sammlung den Forscher*innen zur Verfügung, die die Dokumente wie jedes andere Stück der Sammlung sichten und ihre Arbeit mit einbinden können. Das beinhaltet auch die Verfügbarkeit der Dokumente für Ausstellungsvorhaben im Museum selbst und anderen Institutionen als Leihgabe. Den Strategien des Readymades folgend besteht der Kern der künstlerischen Arbeit *Gift* von Irlinger mehr im Akt des Schenkes als in der Produktion von materiellen Objekten.

Marktwirtschaftliche Interessen betreffen Museen oft nur indirekt: Natürlich sind Museen wichtige Akteure innerhalb des Kunstmarktes und beeinflussen diesen auch durch ihre Kaufentscheidungen. In seinem Text „Nach Kunst" beschreibt der Kunsthistoriker David Joselit die Verstrickung zwischen privaten Geldern und Personen und Museen, deren demokratischer Auftrag ideologisiert und korrumpiert wurden.[2] Seiner Analyse zufolge begeben sich die Institutionen in einen Tauschkreislauf, der sich in der Akkumulation von Objekten durch nicht-museumseigenes Kapital vollzieht, was ebenfalls bedeutet, dass das Museum im letzten Schritt nicht mehr komplett selbst entscheidet, wie sich seine Sammlung fortschreibt. Dieser Einfluss kann sich dann in der Erzeugung der (nationalen) Identität durch die museale Arbeit auswirken. Die Konstruktion einer Identität über den Bestand bzw. die Arbeit von Museen ist ein komplexer Ablauf, der einerseits mit der Distinktion der Sammlungsarbeit und andererseits mit der geleisteten Erzählung innerhalb des Ausstellungsprogrammes zu tun hat. Die Entscheidung darüber, welche Teile der Geschichte wie abgebildet werden, liegt im Ermessen der Verantwortlichen. Der Gegenstand eines Museums wird immer auktorial erzählt und über einzelne Exponate der Sammlung vermittelt. Wie hier „blinde Flecken" erzeugt wurden, lässt sich etwa anhand der Darstellung von Sammlungen beobachten, die durch den Kolonialismus entstanden sind.

Letzen Endes lässt sich Sammeln als eine konstitutive Tätigkeit verstehen, die durch ihre Mechanismen stets etwas Gewaltvolles hat, was ein weiteres Argument dafür ist, diese Verantwortung auf gesellschaftlicher Ebene zu verhandeln und nicht in die Hand privater Akteure zu geben. Joselit sieht in dieser Privatisierung sogar einen direkten Bruch mit demokratischen Prinzipien: „Museen verbinden akkumuliertes Kapital mit individueller Kreativität und kultureller Identität. [...] Die Museen spiegeln damit eine Demokratisierung der ungerechten Vermögensverteilung vor, die die von der hochspekulativen Finanzindustrie des Spätkapitalismus verschärft wird."[3] Auch wenn diese Kritik primär auf Museen in den USA abzielt, so lassen sich diese Verkettung von Machtverhältnissen auch auf die vorliegende Konstellation zwischen dem Wende Museum und dem *Gift* von Irlinger übertragen. Die performative Schenkung Irlingers an das Wende Museum zeugt eher von der Gate-Keeper-Funktion der Institution, welche über den Eingang in die Sammlung entscheidet. Der Gegenstand der Sammlung ist beim Wende Museum wesentlich klarer ausdifferenziert als in einem Kunstmuseum. Dies bedeutet jedoch nicht, dass es keine Politik innerhalb der Sammlungsstruktur gibt, die bestimmten Interessen folgt und anderen wiederum nicht. So wäre z. B. die vorliegende Schenkung als nicht-künstlerische Schenkung vom Museum nicht angenommen worden. Darin liegt sowohl die Privilegierung der Instanz des Künstlers, aber eben auch die Einschätzung des Museum, das die Dokumente gegenwärtig keinen bewahrenswerten Status haben.

Der Akt des Schenkens bei Irlinger ist trotz dessen kein idealtypisches Beispiel oder ein übertragbarer Modellversuch, der im Anschluss adaptiert werden könnte, sondern begibt sich innerhalb der künstlerischen Praxis in die institutionellen Abläufe, anstatt ein bloßer Produzent eines Objektes zu sein. In diesem Ansatz werden die verschiedenen Ebenen des musealen Betriebs sichtbar gemacht und in Teilen ausgehebelt. Und somit auch die dahinterliegenden ideologischen Prozesse. *Gift* beinhaltet viele der Antinomien des Schenkens von Objekten an Museen und versucht nicht diese aufzulösen, sondern sie sichtbar zu machen.

2 Vgl. David Joselit, *Nach Kunst*, vor allem die Kapitel „Formate" und „Macht", S. 73–113
3 Ebd. S. 104

PREFACE
ON THE ANATOMIES OF GIVING

Jan Tappe

The exhibition project *Gift* by the artist Julian Irlinger addresses questions of historiography through documents that illustrate the expropriation of *Westeigentum* in the German Democratic Republic (GDR) and its retransfer of ownership during the process of German reunification.[1] *Gift* engages different forms of political and artistic appropriation, the idea of ownership across different political systems, and how these dynamics can be conveyed and researched today. In bringing together the project's documents, the publication shows how the major political differences of the twentieth century emerge through the respective property rights of the east and west. The joint text by Julian Irlinger and Kerstin Stakemeier situates the project through questions of artistic production, property, and cultural memory, all of which occur in an increasingly complex social structure.

As will be shown in this text, the artist's gift is a complex gesture that allows him to transfer the documents into the archive of the Wende Museum of the Cold War in Los Angeles.[2] The gesture further questions the logic of the recent writing of history in the GDR / FRG: who has the ability to write which story, and how? Is it possible to influence writing of history on a material basis? And in an era of globalization, how do museums fit in these operations?

Formally, *Gift* consists of the artist's donation of historical documents and photographs to the collection of the Wende Museum. Prior to their donation, they will be shown as an artwork at Galerie Wedding and the Wende Museum. The documents refer to the property at Böttcherstrasse 3d in the city of Schönebeck, a property that was once owned by the artist's family. Historical documents show that a three-storey Wilhelmine-style residential building was erected on the Schönebeck plot in 1896. The family owned the property through inheritance until there were no more direct descendants living in the GDR. Due to a special power of attorney, friends of the family were still in charge of the property until the land and house were converted into public property on the basis of the GDR Reconstruction Law (das Aufbaugesetz), beginning on February 1, 1983. After the fall of the Berlin Wall, a large section of the property was returned to the artist's grandmother through an application for "retransfer of property," or *Rückübertragung*. After the retransfer, the family sold the house and in the course of this sale, a company estimating the value of the building took photographs, which also form part of Irlinger's donation.

The exhibition at Galerie Wedding will show the documents in an art installation, after which the documents will be brought to Los Angeles. The materials in *Gift* represent the only well-documented case of expropriation and retransfer of property in the collection of the Wende Museum, the most extensive collection of GDR memorabilia worldwide. The Wende Museum typically does not consider documents of this type to be worthy of protection given their numerous instances. The museum thus accepts the donation solely as an artistic work. The transition into the collection corrects a "blind spot" within the structure of the collection.

The change in the status of the documents takes place across several stages: First, through a revealing change of state, the documents are installed as an artwork at Galerie Wedding following their emergence from the opacity of the family archive and preceding the future context of the historical museum. At Galerie Wedding, the artistic potential of this critical gesture becomes visible as the documents experience a shift from inconspicuous archival material to works of art. In addition, the decision to show the project in Berlin first—the city in which the division of the world between East and West is ever present—further embeds it in its historical context. The documents are exhibited with minimal aesthetic intervention, mostly altered through their selection and grouping. This treatment also applies to the second presentation of the objects at the Wende Museum, although it differs from the Berlin installation geographically (from Berlin to Los Angeles), typologically (from a communal gallery to a historical museum), and institutionally (from a one-time exhibition to placement in the Wende Museum's existing collection). These three factors blur the line between artistic work and historical exhibit, before the documents will mostly shed their object-status as works of art upon entering the collection. They will be included in the museum collection with an archive number and Irlinger

1 Translator's note: *Westeigentum* refers to property owned by West Germans, citizens of the Federal Republic of Germany (FRG).

2 Giving or donating represents another form of property transfer, part of the chain that the house in Schönebeck has already passed through.

will be listed as the donor of the documents. Through their presence in the collection, they are then available for consultation (as with any other collection item), for integration into research, for curation in exhibition projects, and for lending to other institutions. Following the tenets of the readymade, *Gift*'s aesthetic core resides in Irlinger's act of donation more so than in the artifice of material objects.

Market-economic interests often only affect museums indirectly: of course, museums are important players in the art market and they also influence it through their purchasing decisions. In *After Art*, art historian David Joselit describes the entanglement between private money, people, and the museums whose democratic mandates have been ideologized and corrupted.[3] According to his analysis, institutions enter into a cycle of exchange that takes place through the accumulation of objects by capital outside the museum, which also means that ultimately the museum no longer decides independently on how to update its collection. This influence can then have an impact on the creation of (national) identities through museum work. The construction of an identity via the inventory, or rather the work of museums, is a complex process, linked to the distinction of the collection on the one hand and to the narrative within the exhibition program on the other. The decision behind which parts of history that are depicted – and how – is up to the discretion of those responsible. The subject-matter of a museum is always narrated in an authorial manner and conveyed through individual exhibits in the collection. The process of how "blind spots" are created in this framework can be observed in the representation of collections created during colonial rule.

After all, collecting can be understood as a constitutive activity that, in its workings, is always violent too. It is therefore important to negotiate this responsibility at the societal level, rather than leaving it up to private actors. Joselit sees this privatization as a direct break with democratic principles: "In the museums then, art links vast amounts of capital to individual creativity and cultural identity … museums appear to democratize the uneven distribution of wealth that results from late capitalism's high risk finance industries."[4]

Even if this criticism is primarily aimed at museums in the US, this chain of power relationships can also be transferred to the relation between the Wende Museum and Irlinger's "gift." His performative donation testifies to the institution's gate-keeper function, which "makes" decisions about what enters the collection. The subject of the collection is much more clearly differentiated at the Wende Museum than in an art museum. However, this does not mean that there are no politics within the collection structure that favor certain interests over others. For instance, the museum would not have accepted the artist's donation as a non-artistic donation. This reflects not only the artist's privileged authority, but also the museum's assessment that such documents are currently not worthy of preservation.

Despite this, the act of giving within Irlinger's project is not an ideal-typical example or a model experiment for subsequent adaptation. Rather than acting as mere producer of an object, Irlinger inserts artistic practice into institutional processes. Through this approach, the various levels of the museum's operations are made visible and partially levered out, and with them, the underlying ideological processes as well.

3 David Joselit, *After Art* (Princeton, N. J.: Princeton University Press, 2013), 55–96.
4 Ibid., p. 86.

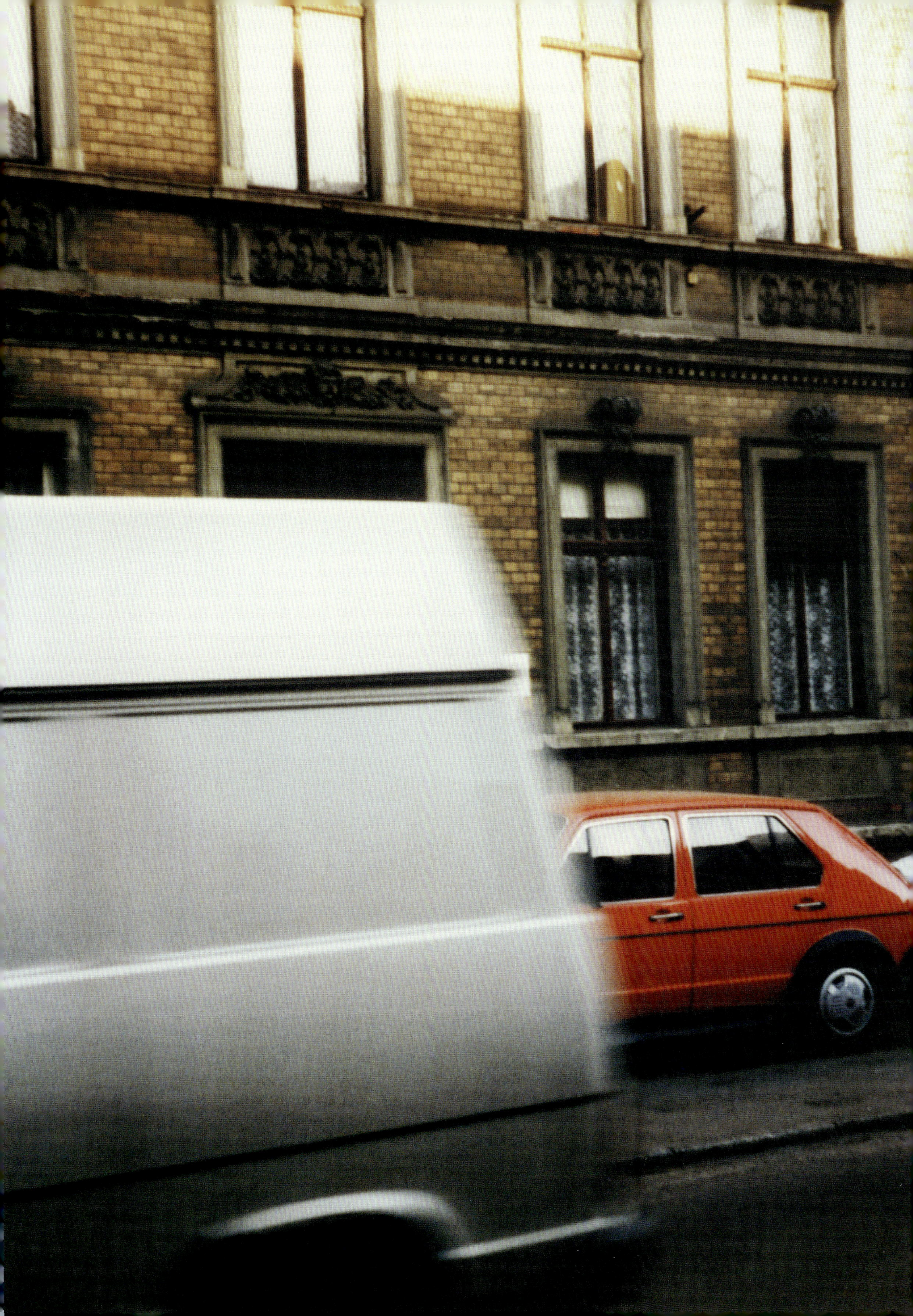

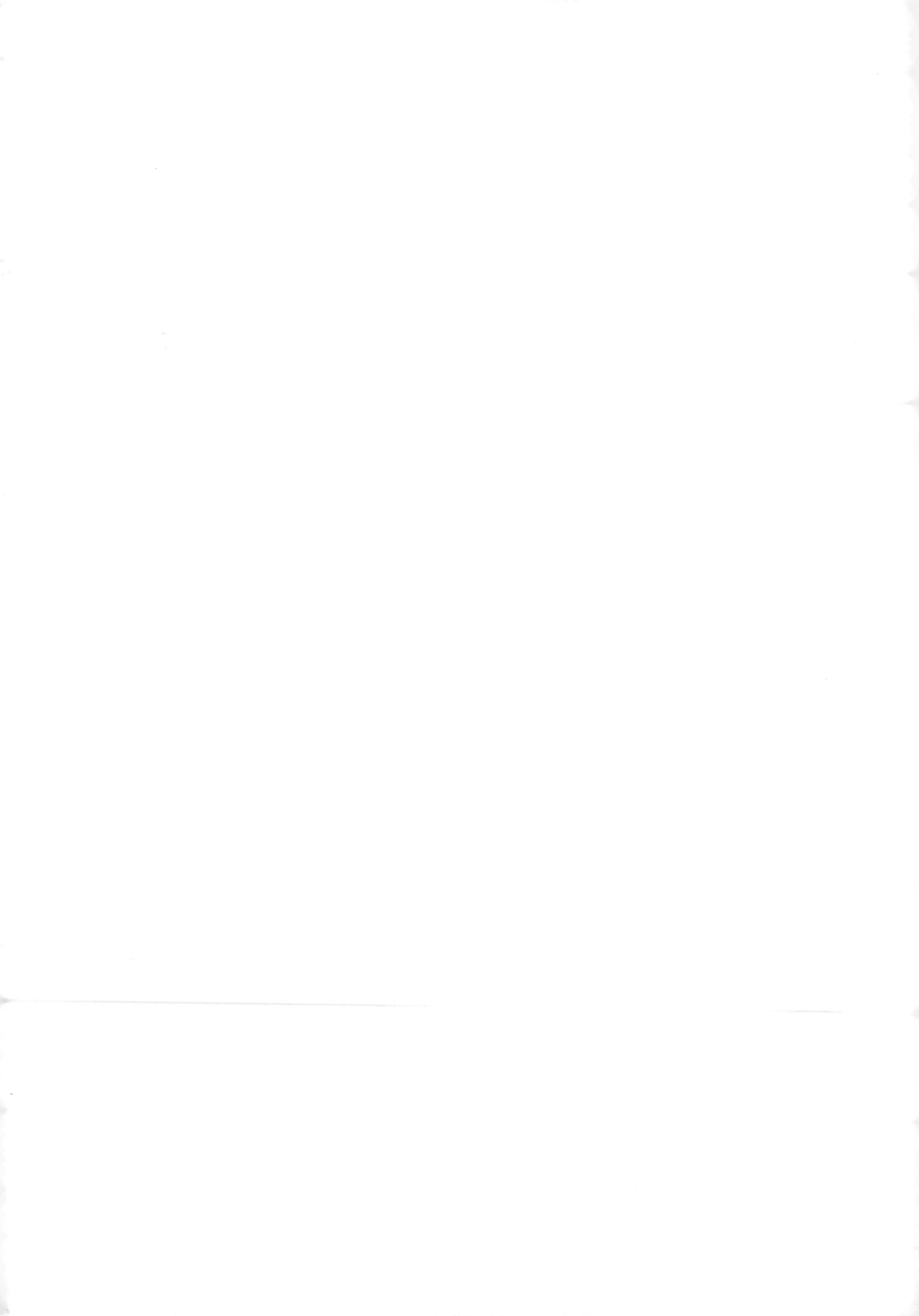

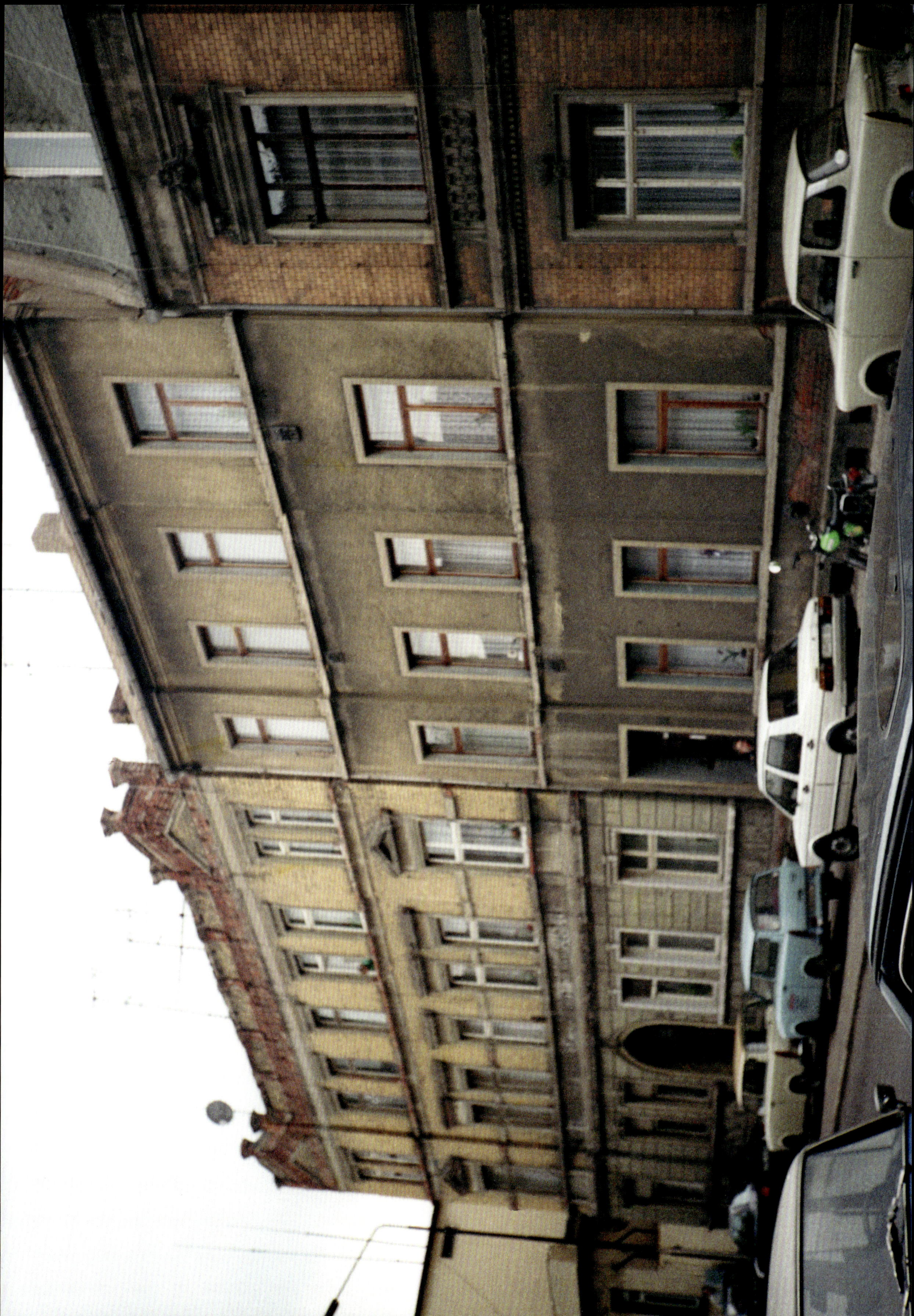

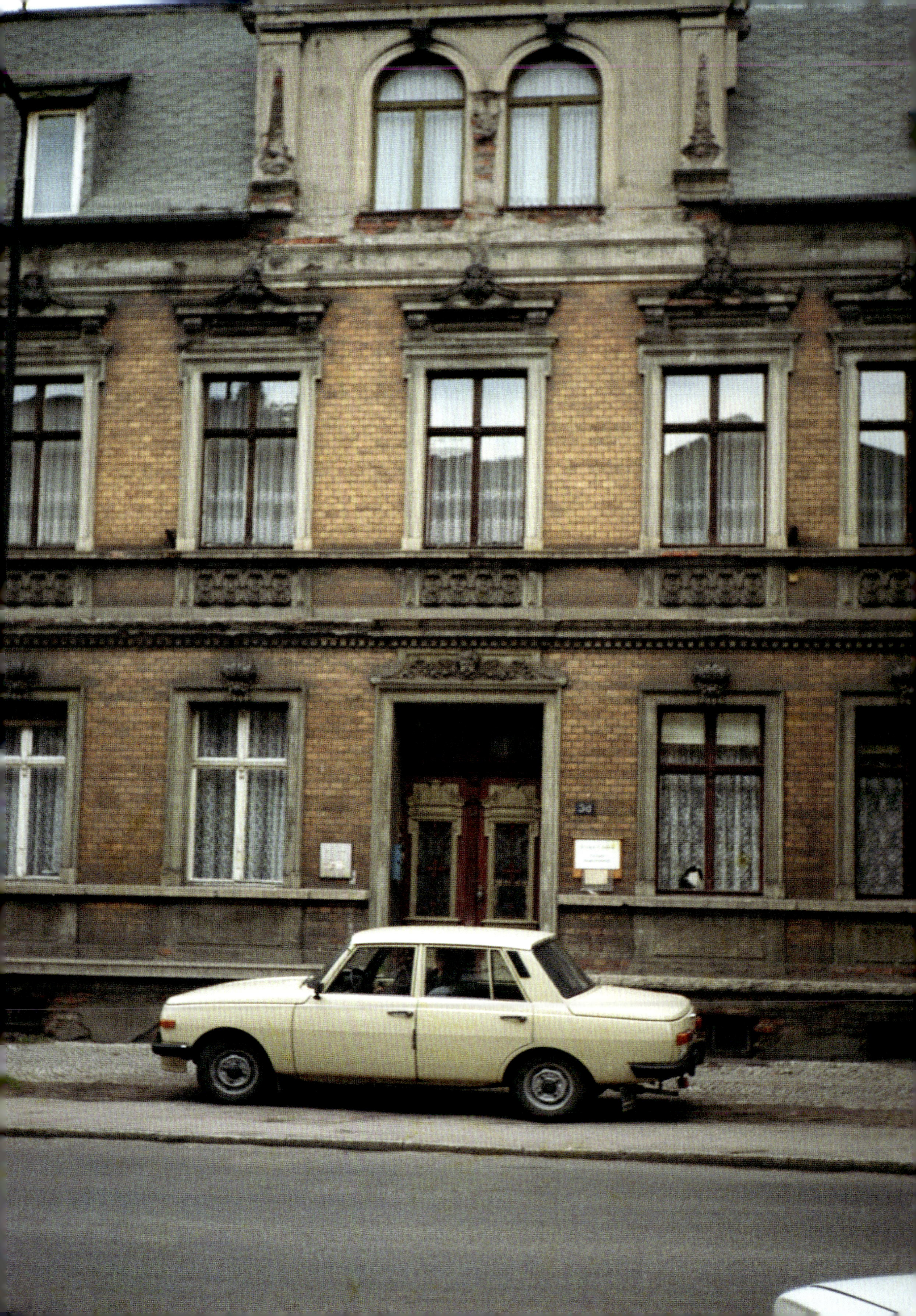

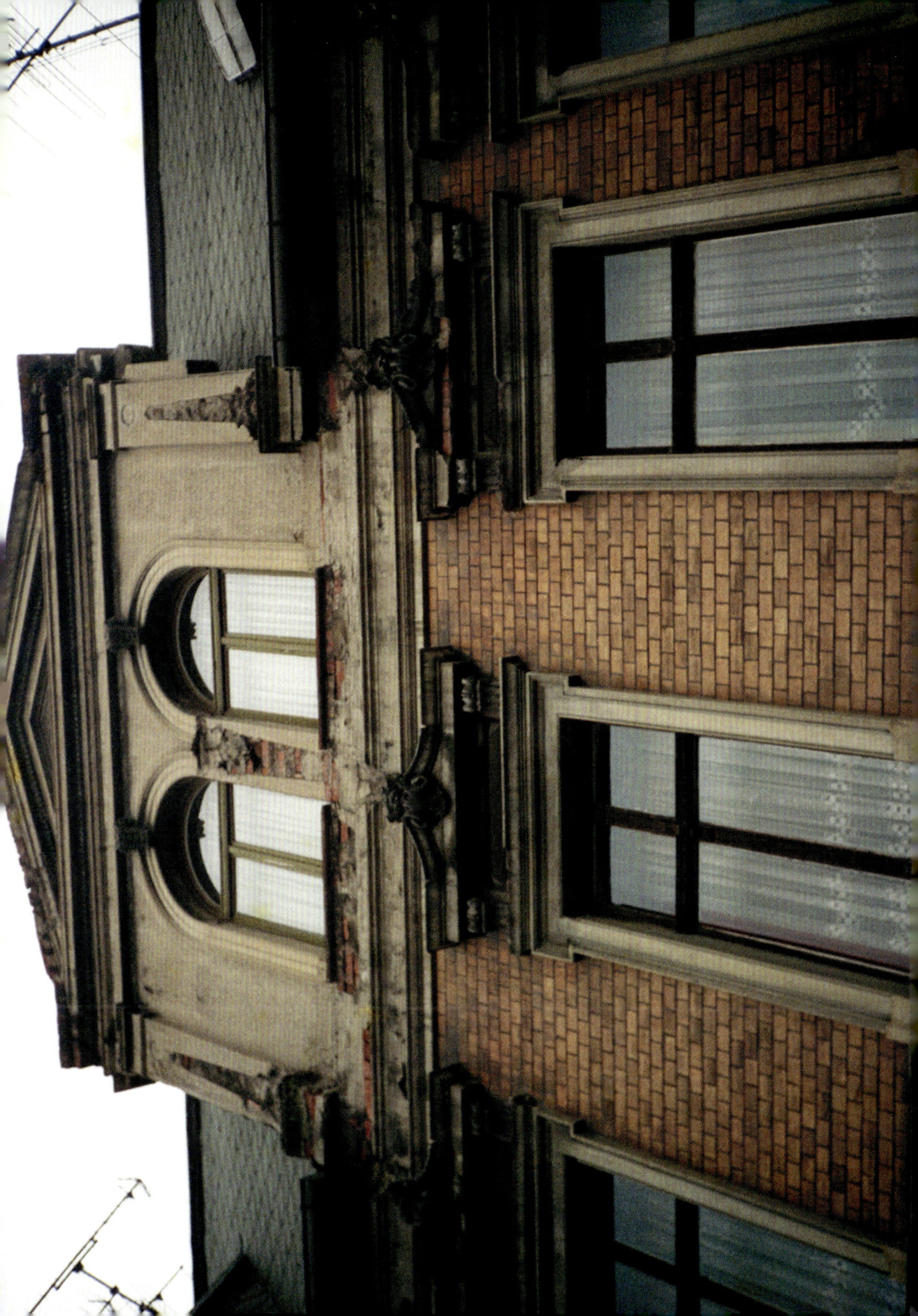

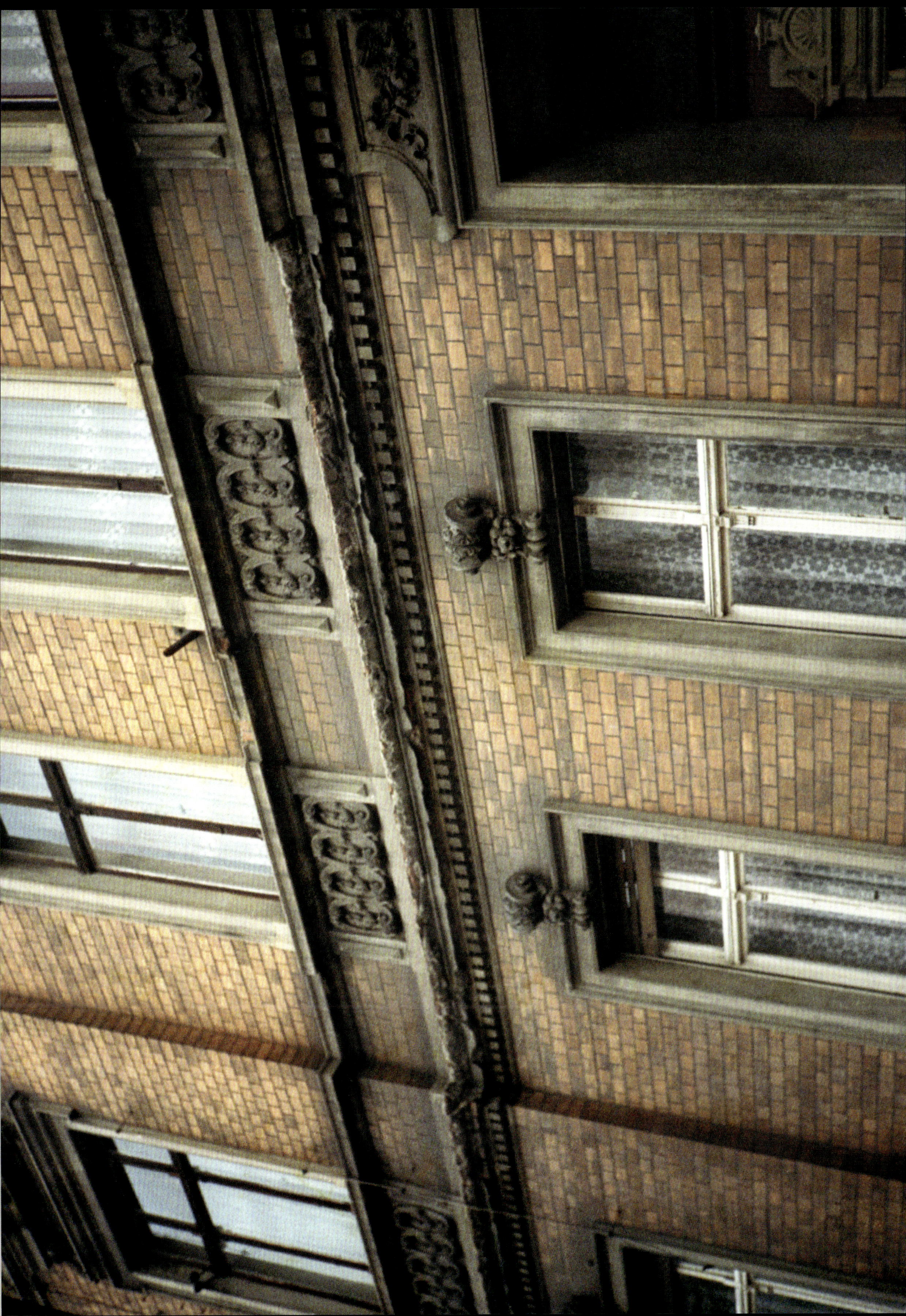

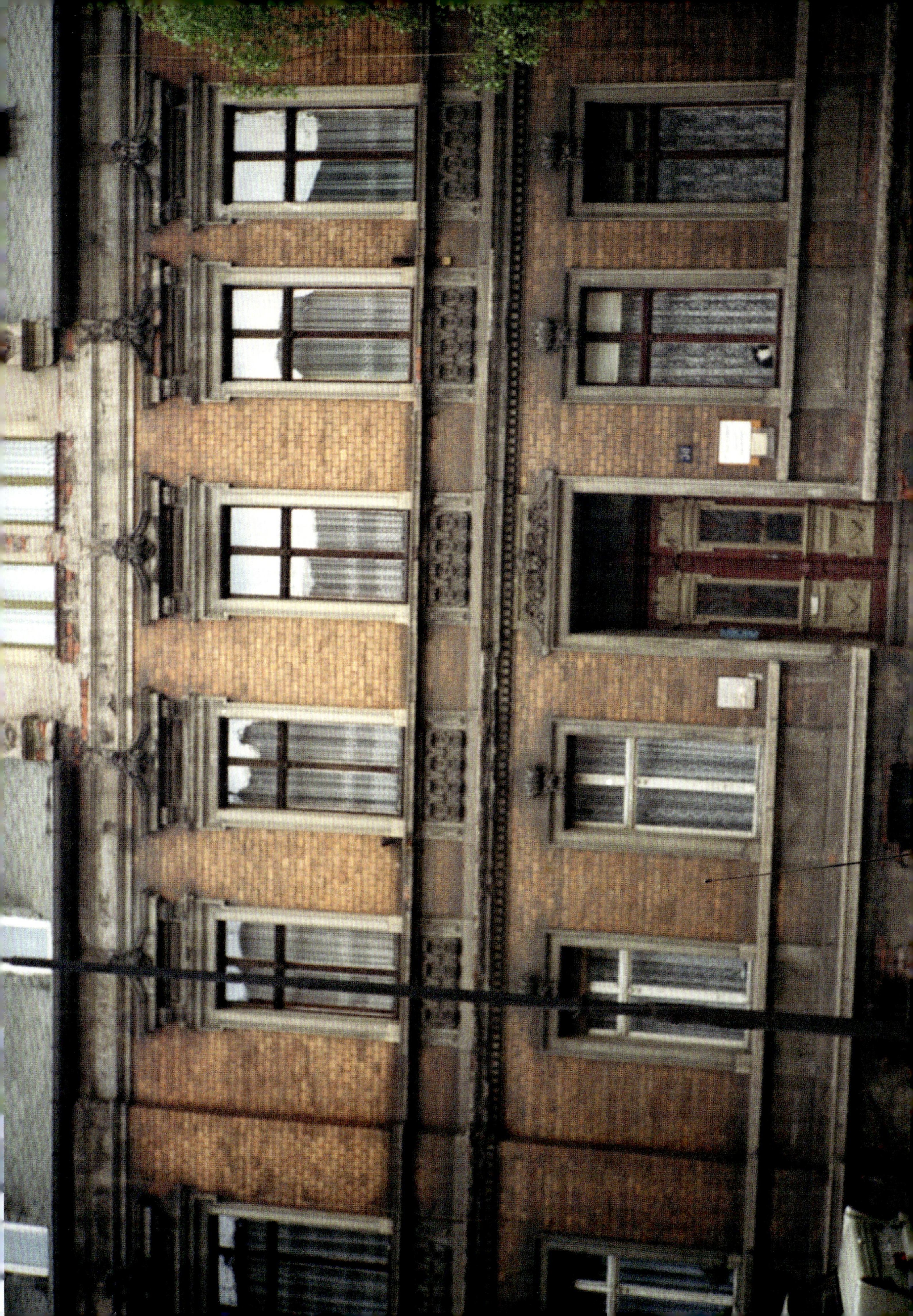

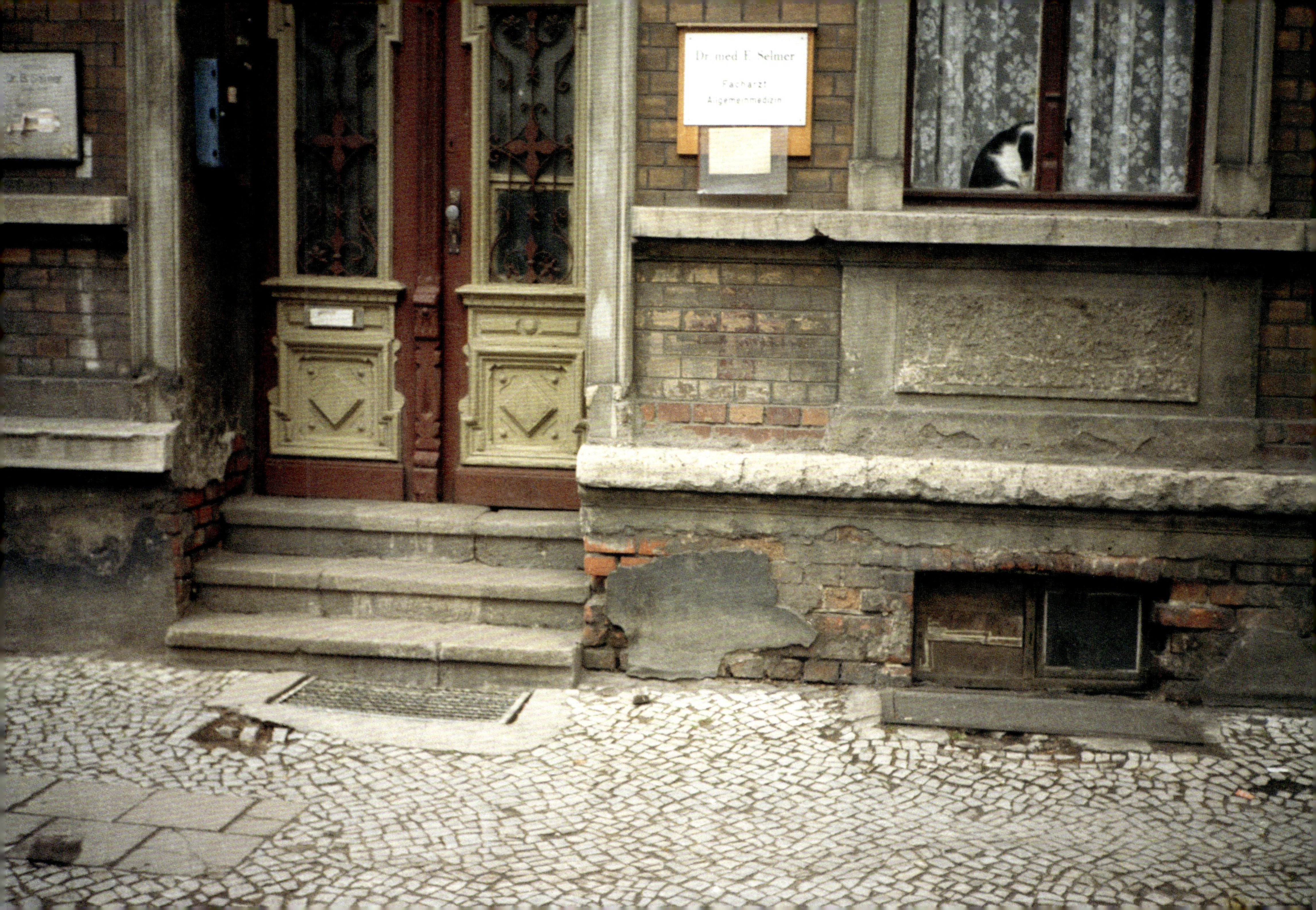
Dr. med. E. Selmer
Facharzt
Allgemeinmedizin

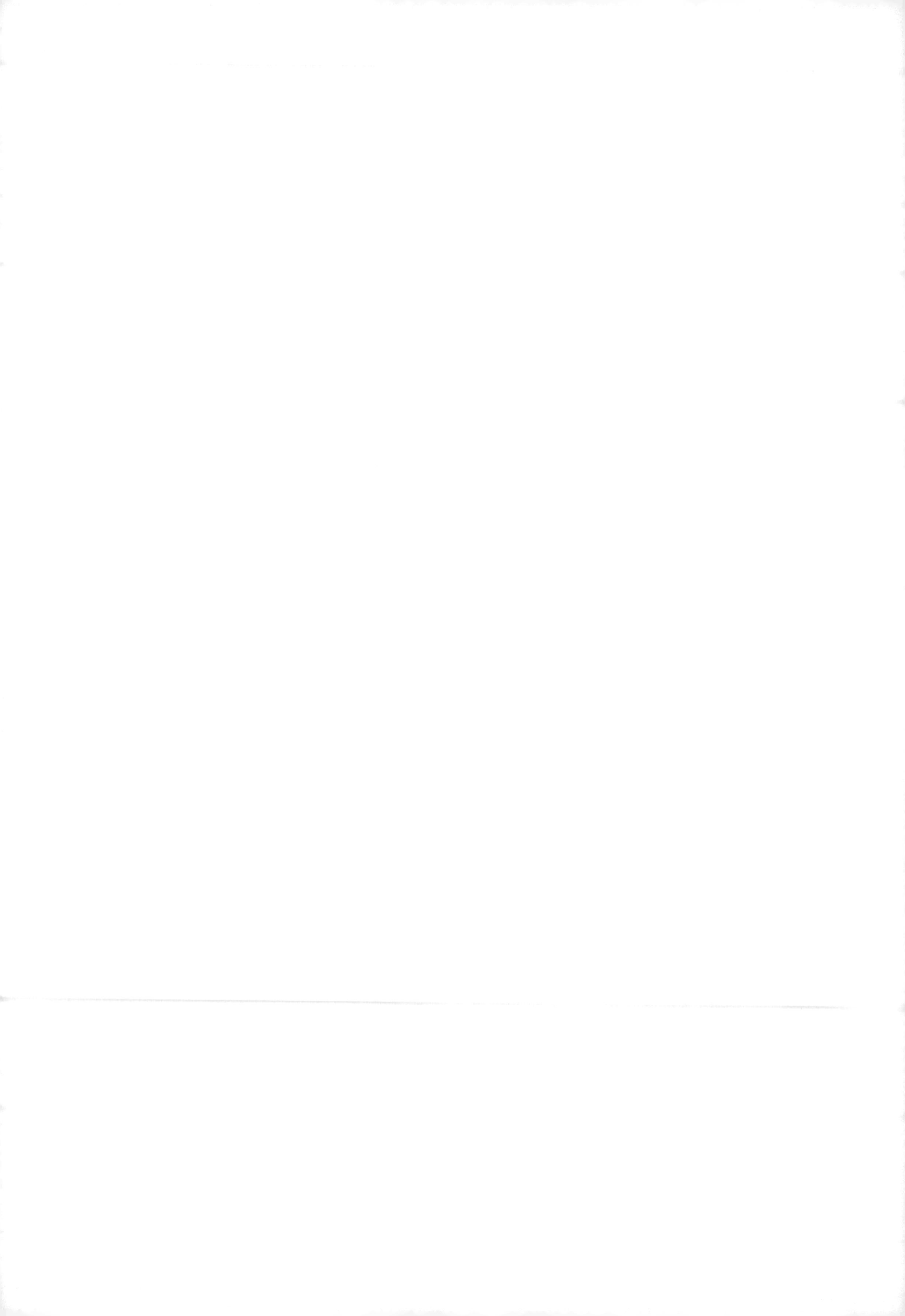

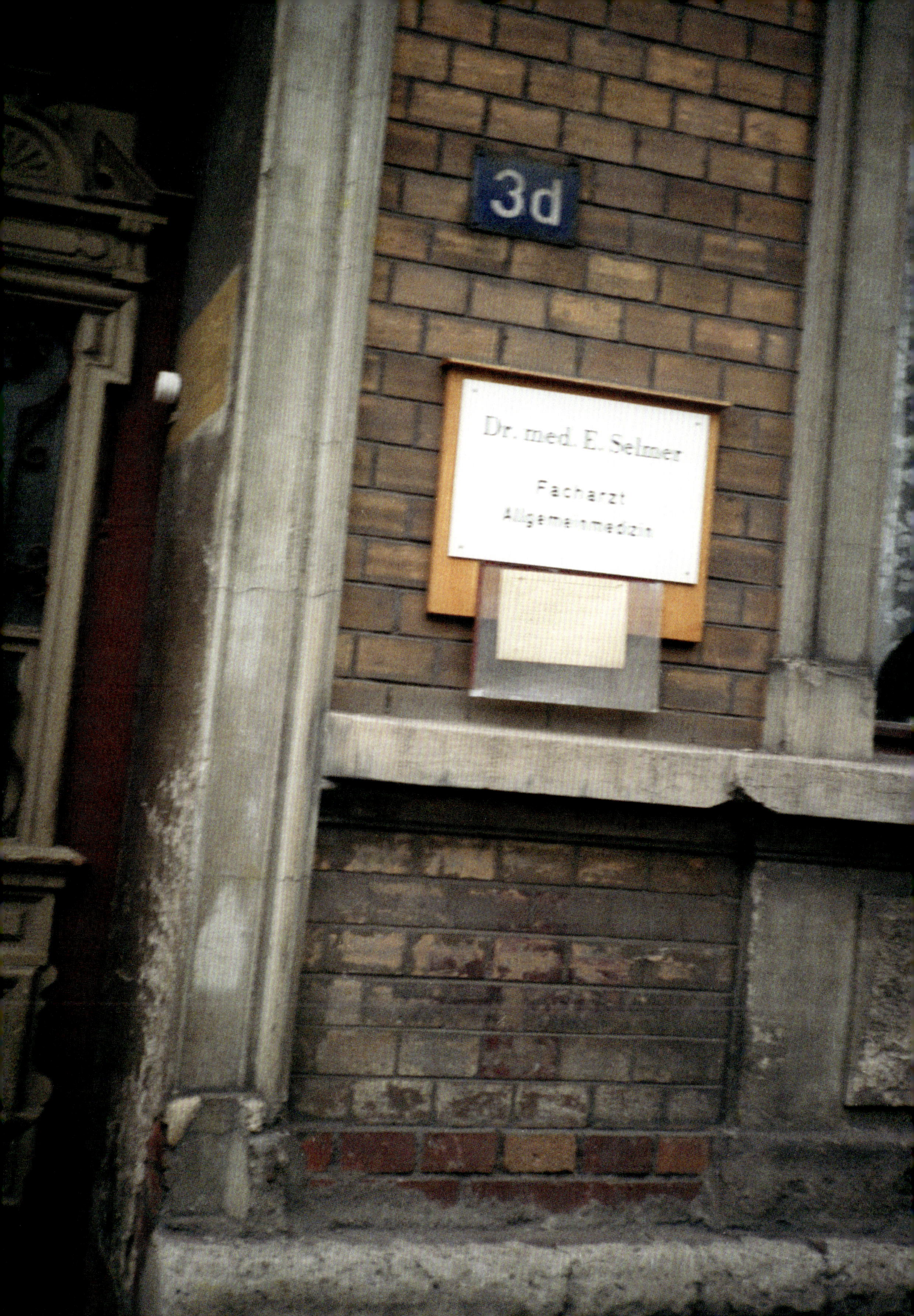

3d
Dr. med. E. Selmer
Facharzt
Allgemeinmedizin

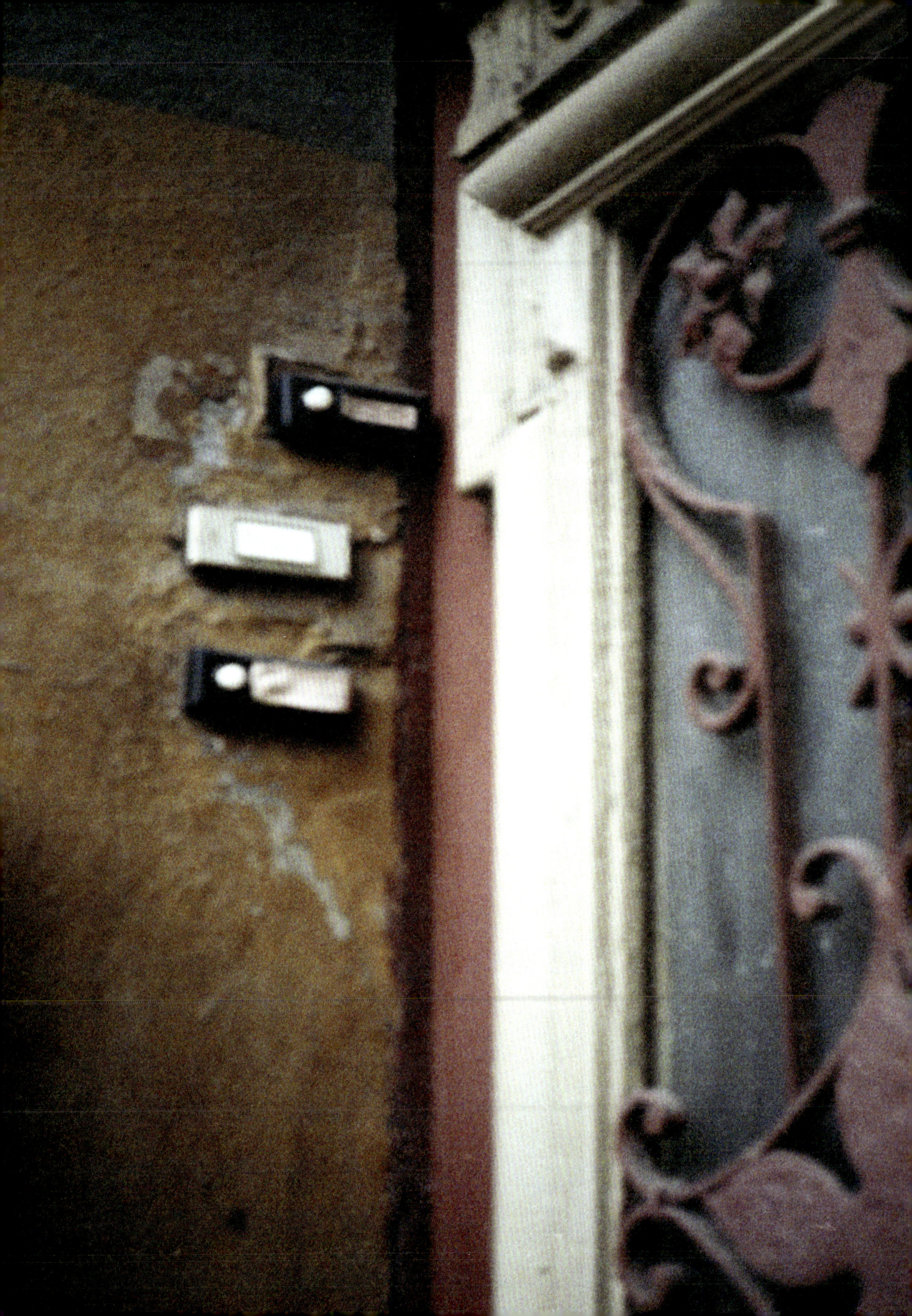

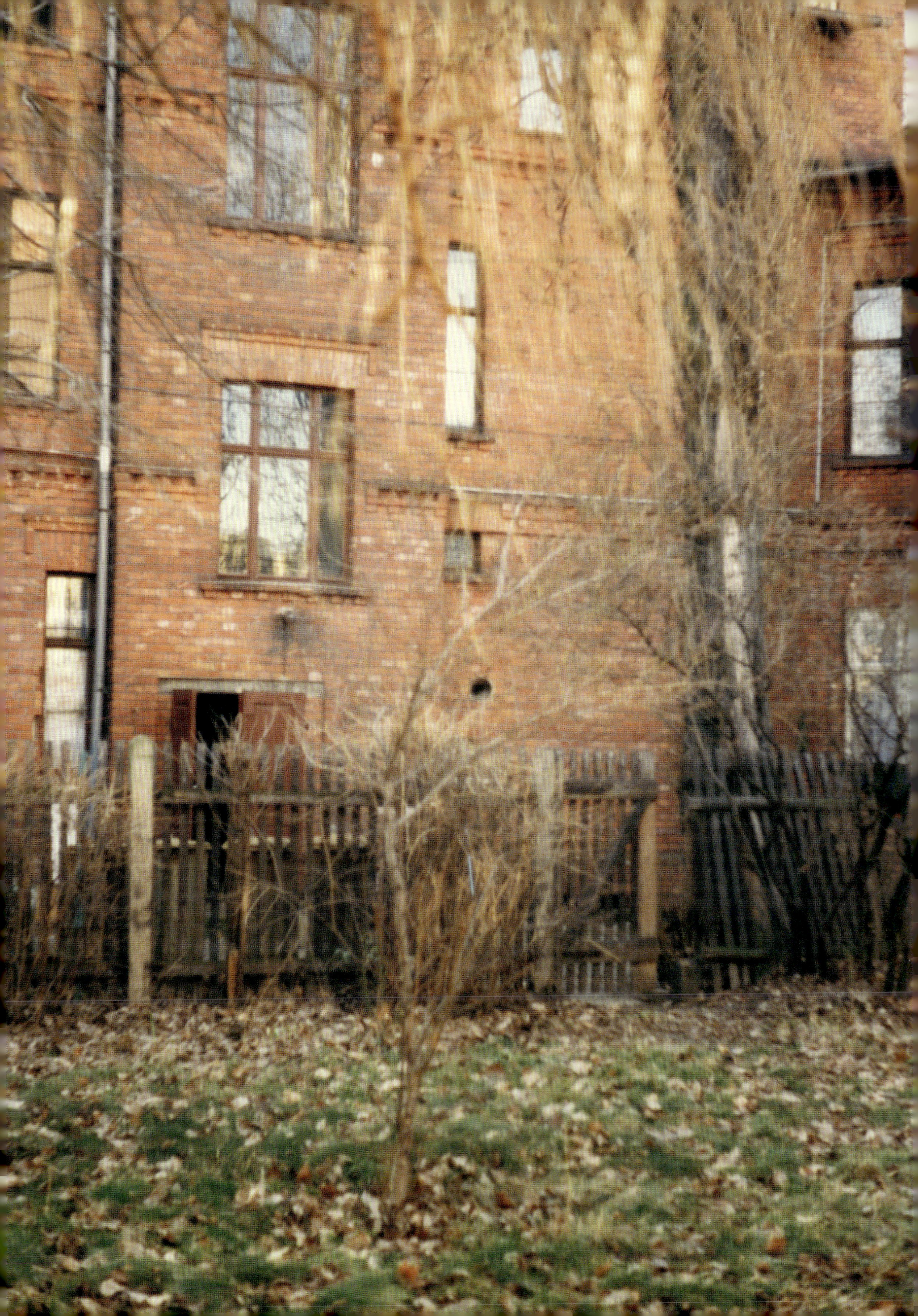

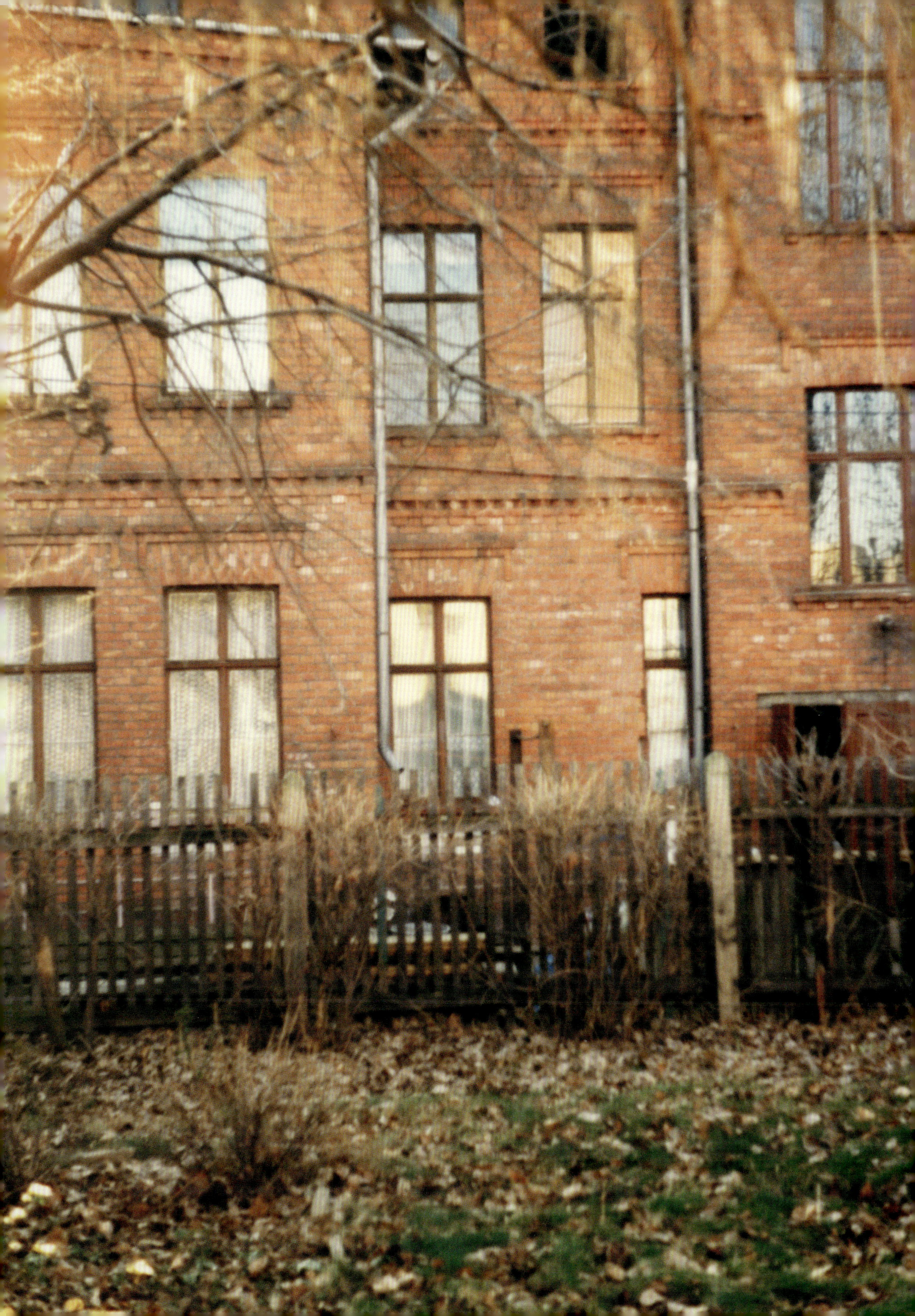

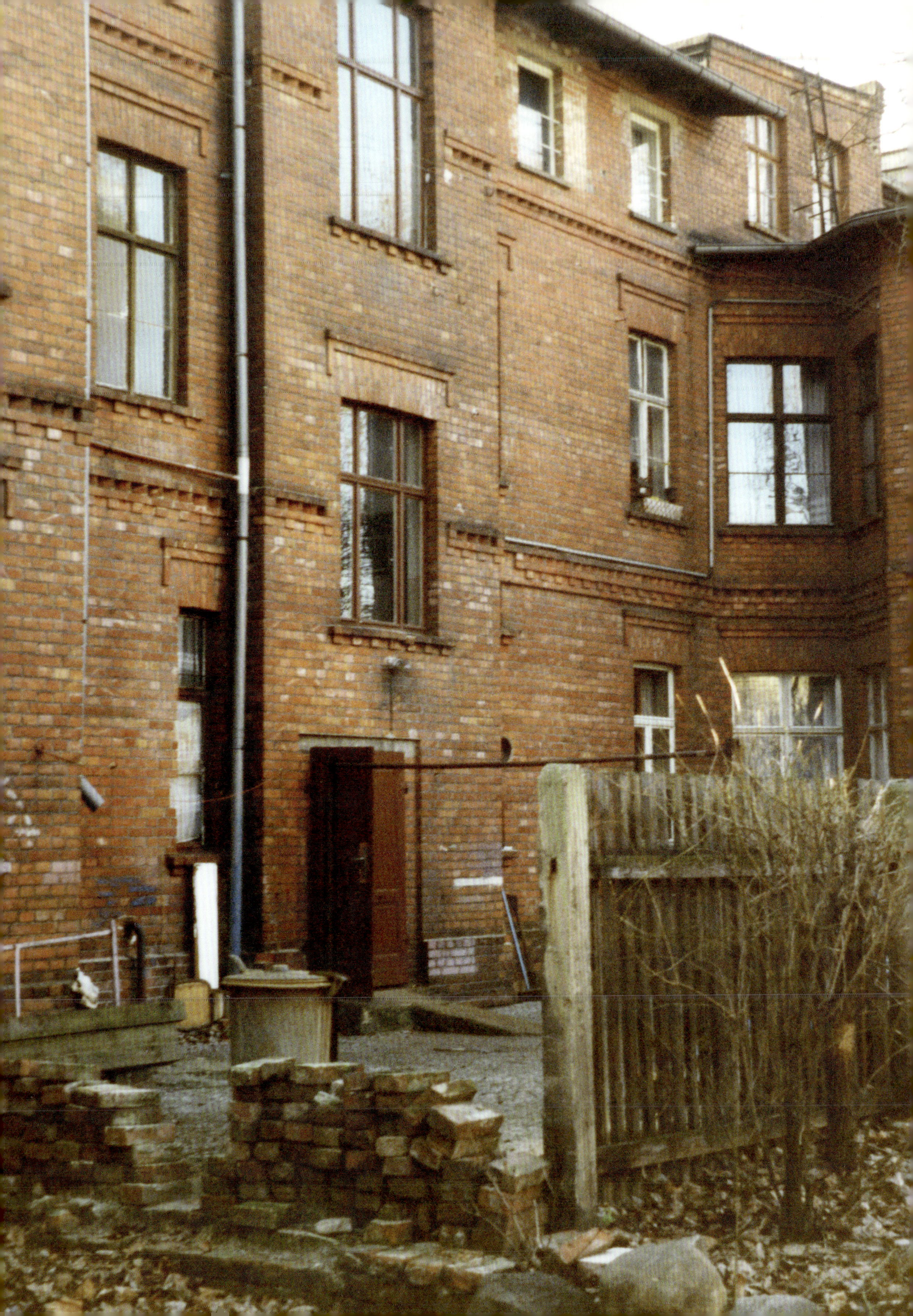

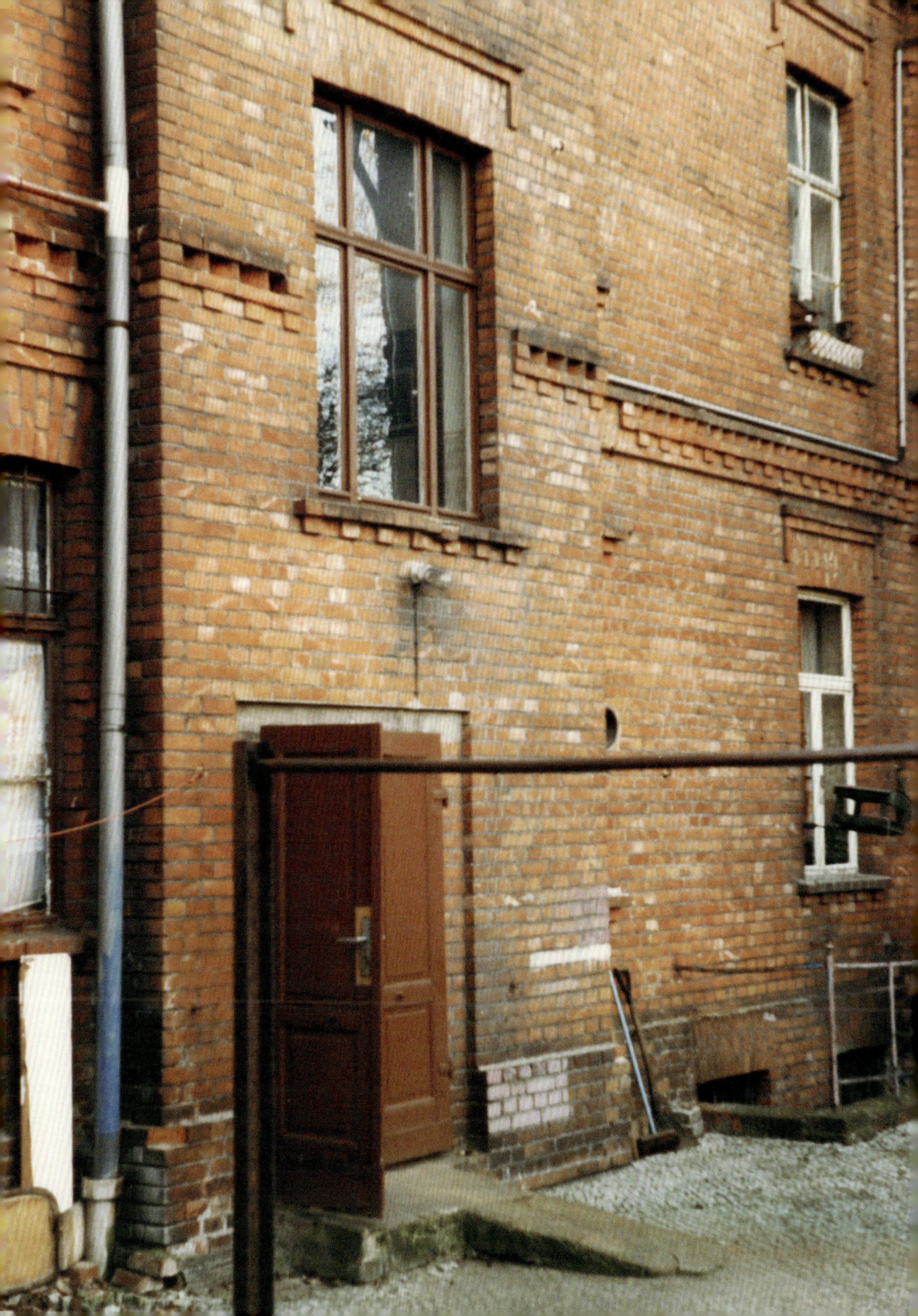

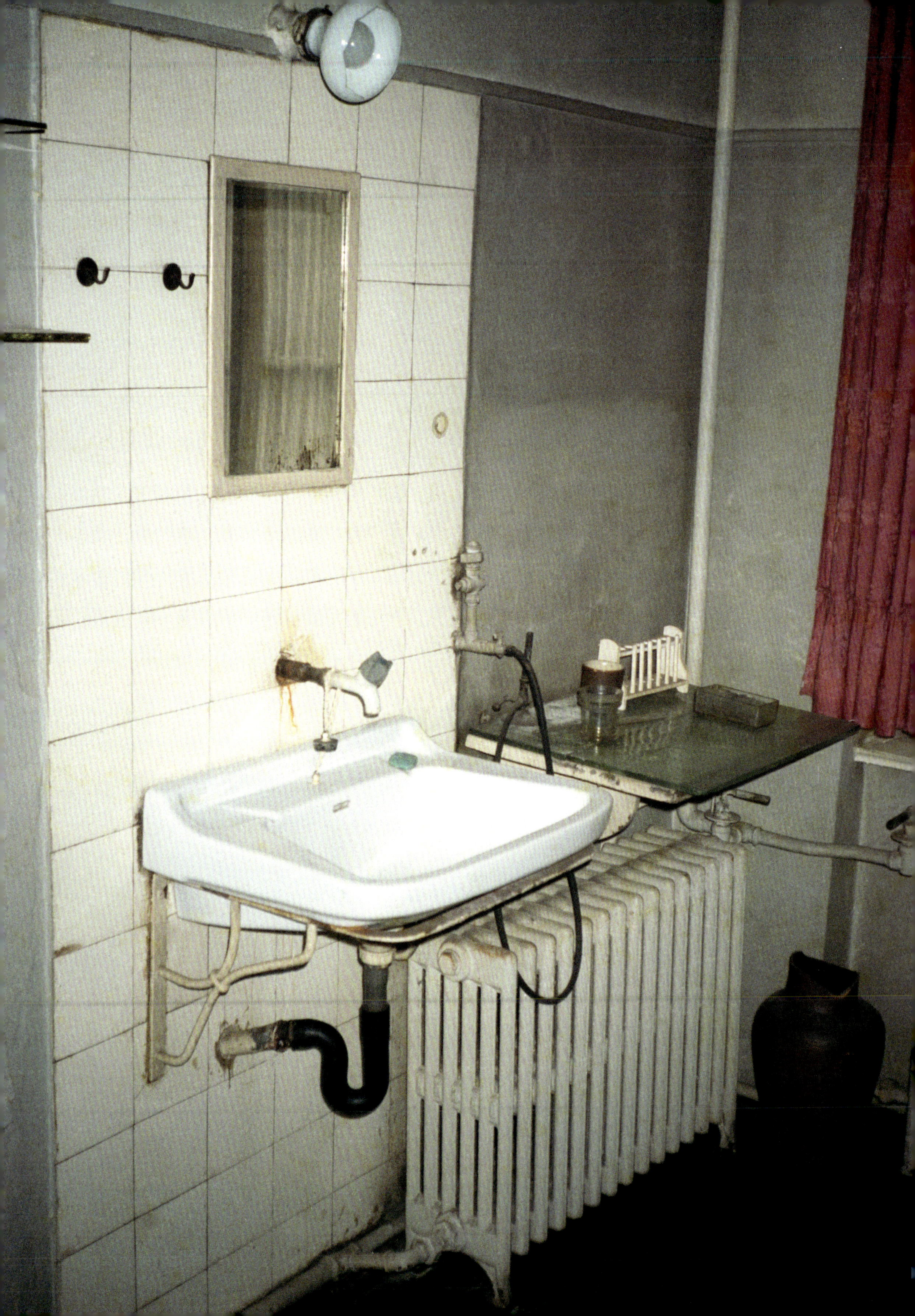

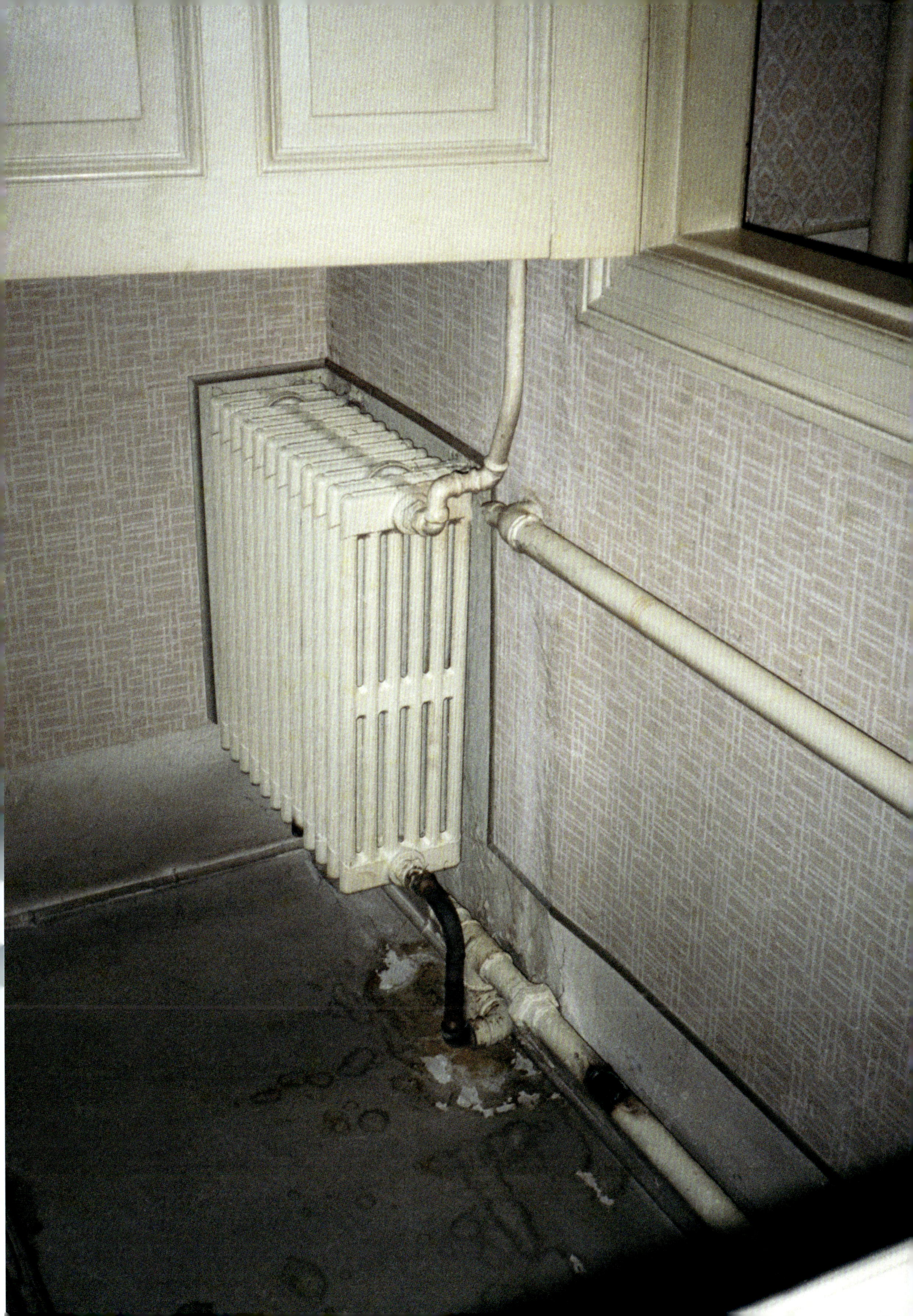

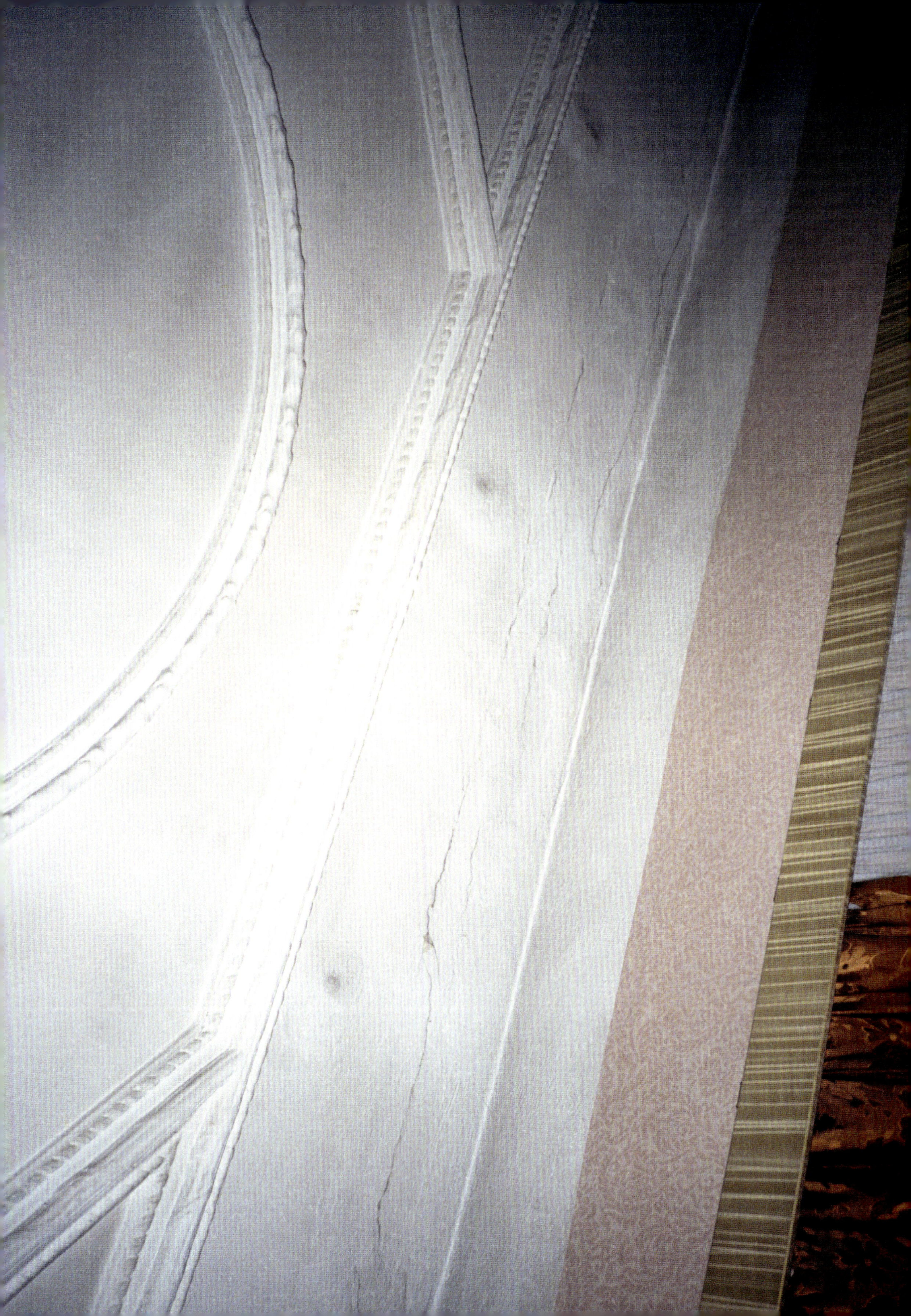

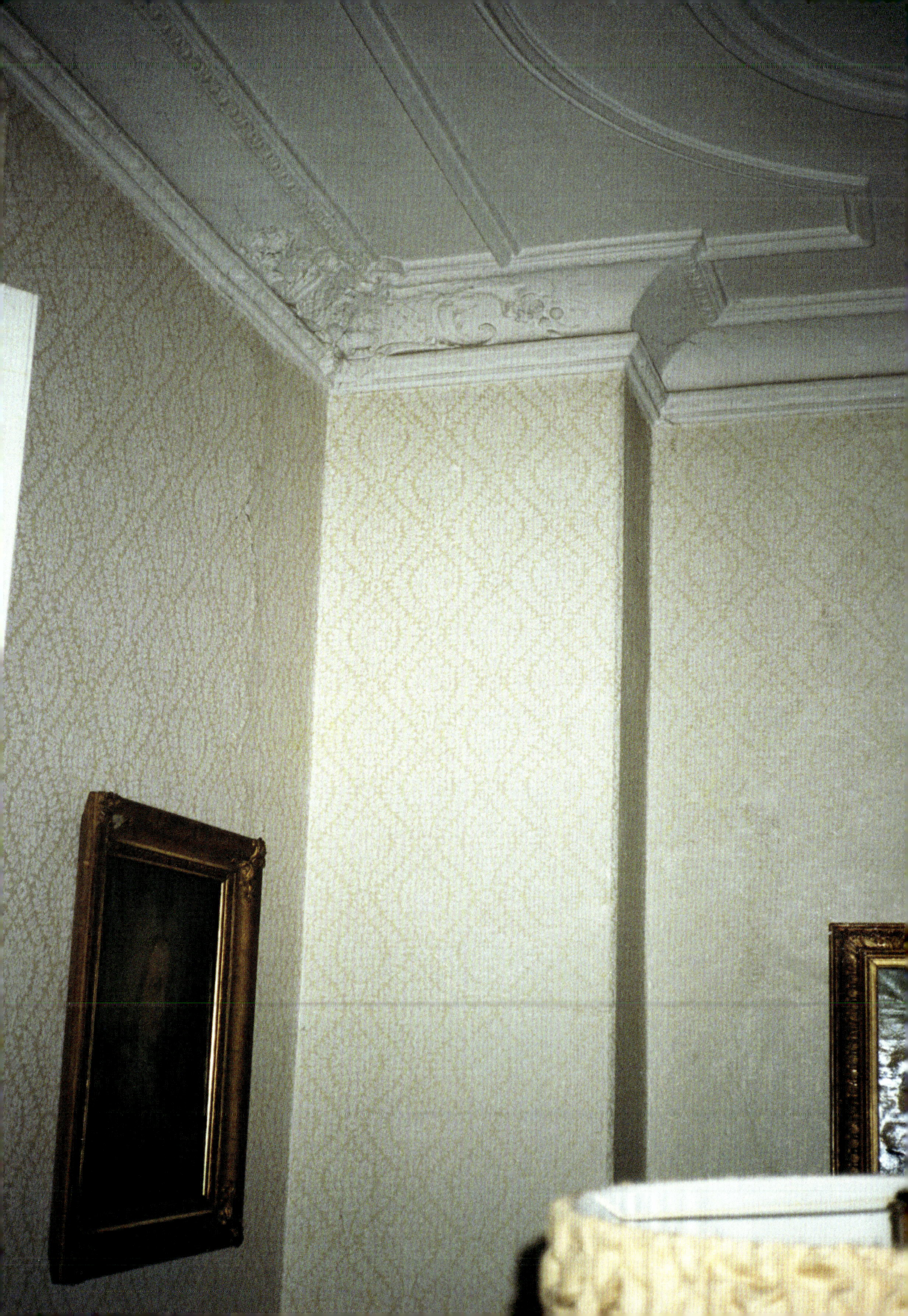

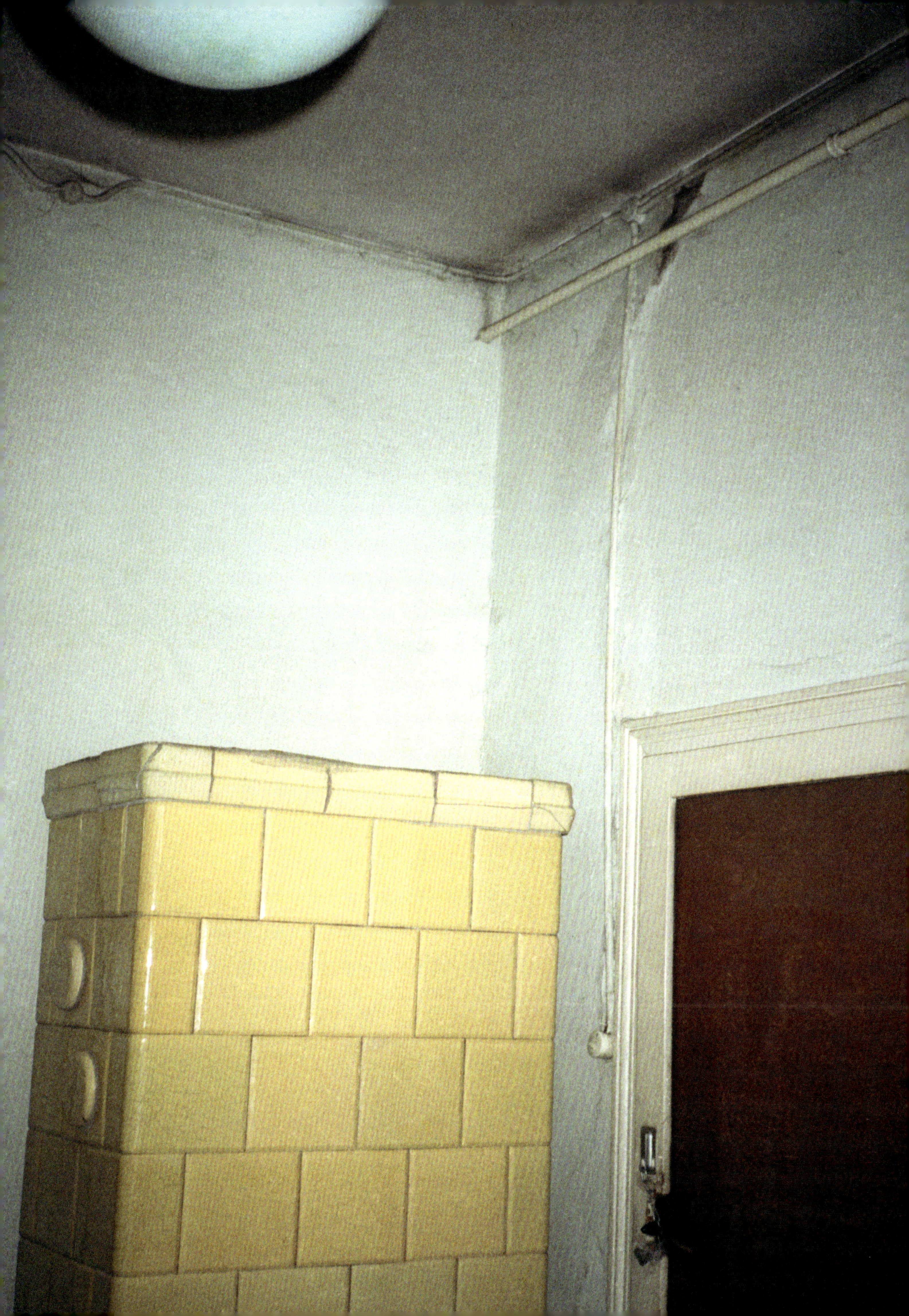

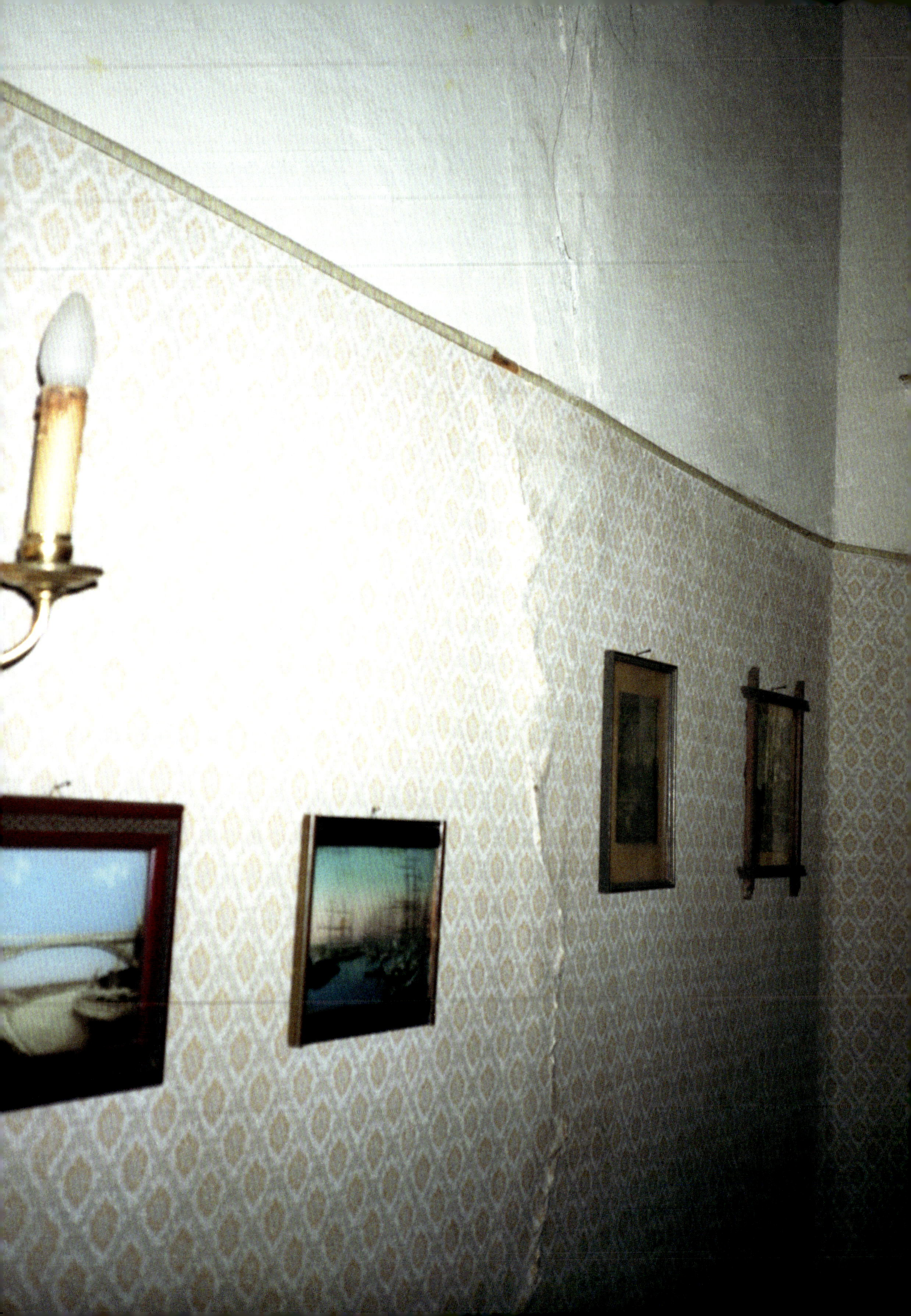

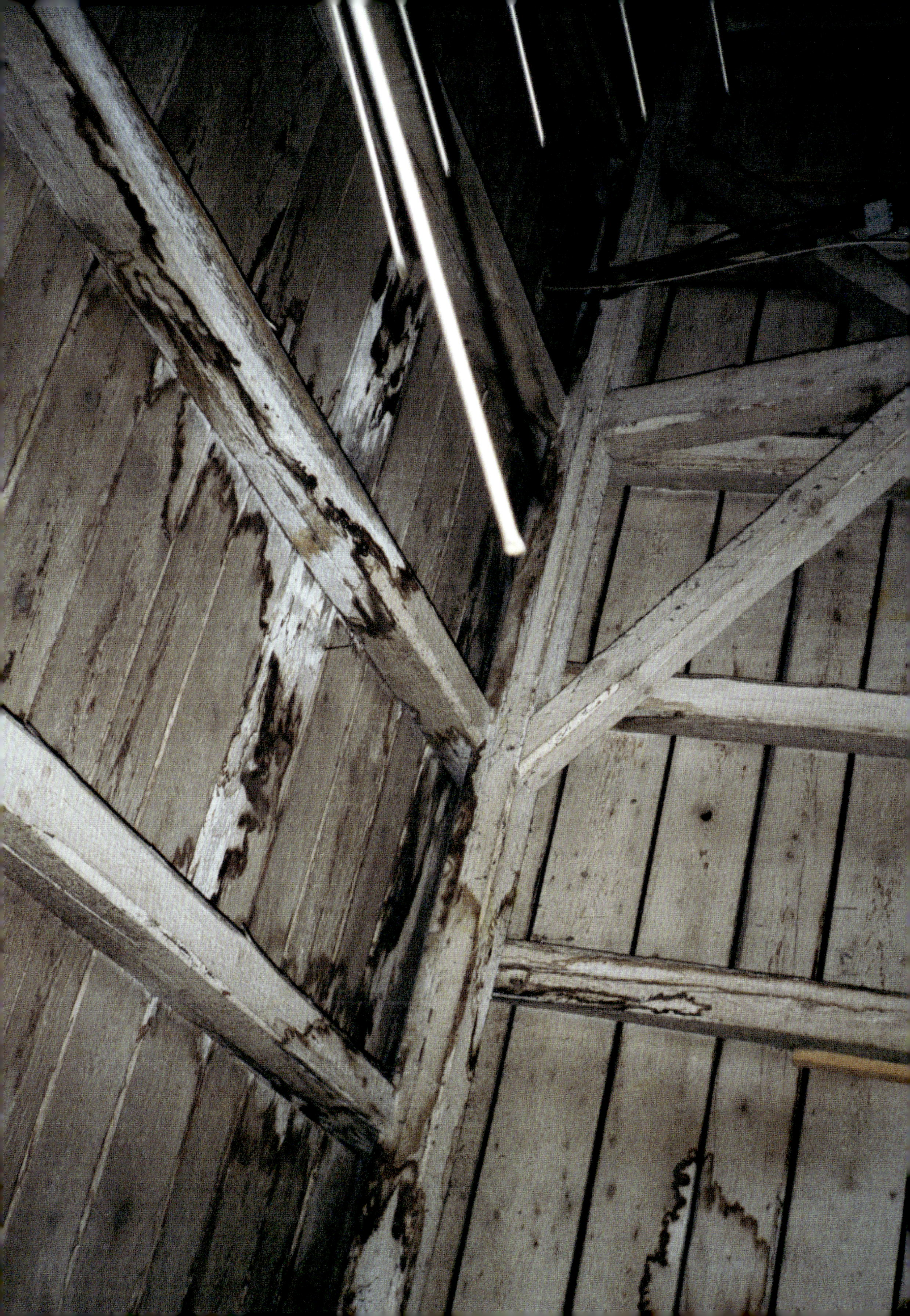

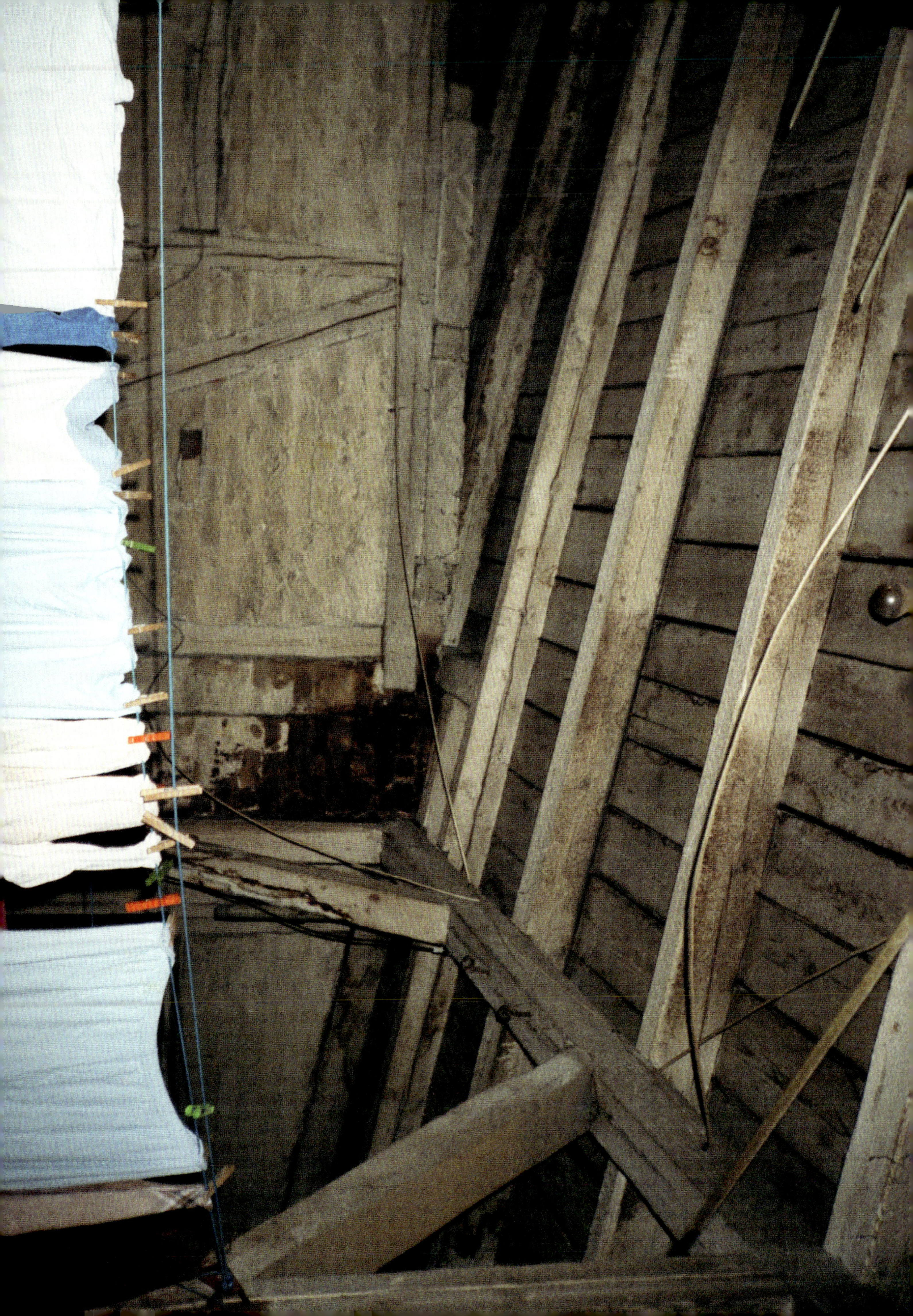

DOKUMENTE
DOCUMENTS

I Notiz an die Tochter Gundula (mit englischer Übersetzung) / *Note to the daughter Gundula (with English translation):*

To the daughter Gundula:
We would like to inform you that we have made a common notarial will today, in which your sister is not included for the known reasons. We could only decide to do so with a heavy heart. But under the given circumstances we thought it would be best to act like this now. What we have recorded in the will is our real and serious will. But we take it for granted that our two children will later, under changed circumstances, take each other in hand as if both were equally considered. We have written to your sister in the same spirit.

II Blatt aus Notizblock Dr. Hildebrand / *Sheet from the notebook of Dr. Hildebrand*

III A Aufgesetztes gemeinsames Testament Dr. med. Erich Hildebrand und Frau Gertrud Hildebrand mit handschriftlicher Ergänzung, Vorderseite / *Joint Testament of Dr. med. Erich Hildebrand and Ms. Gertrud Hildebrand with handwritten additions, front page*

III B Aufgesetztes gemeinsames Testament Dr. med. Erich Hildebrand und Frau Gertrud Hildebrand mit handschriftlicher Ergänzung, Rückseite / *Joint Testament of Dr. med. Erich Hildebrand and Ms. Gertrud Hildebrand with handwritten additions, backside*

III C Aufgesetztes gemeinsames Testament Dr. med. Erich Hildebrand und Frau Gertrud Hildebrand Anlage 1 / *Joint Testament of Dr. med. Erich Hildebrand and Ms. Gertrud Hildebrand enclosure 1*

III D Aufgesetztes gemeinsames Testament Dr. med. Erich Hildebrand und Frau Gertrud Hildebrand Anlage 2, Vorderseite / *Joint Testament Dr. med. Erich Hildebrand and Ms. Gertrud Hildebrand enclosure 2, front page*

III E Aufgesetztes gemeinsames Testament Dr. med. Erich Hildebrand und Frau Gertrud Hildebrand Anlage 2, Rückseite / *Joint Testament Dr. med. Erich Hildebrand and Ms. Gertrud Hildebrand enclosure 2, back side*

IV A Vollmacht an Frau Margarete Hientzsche durch Frau Gertrud Hildebrand zur Verwaltung des Hauses, Seite 1 (Vorderseite) / *Power of attorney to Mrs. Margarete Hientzsche through Mrs. Gertrud Hildebrand to manage the house, page 1 (front)*

IV B Vollmacht an Frau Margarete Hientzsche durch Frau Gertrud Hildebrand zur Verwaltung des Hauses, Seite 1 (Rückseite) / *Power of attorney to Mrs. Margarete Hientzsche through Mrs. Gertrud Hildebrand to manage the house, page 1 (back)*

IV C Vollmacht an Frau Margarete Hientzsche durch Frau Gertrud Hildebrand zur Verwaltung des Hauses, Seite 2 / *Power of attorney to Mrs. Margarete Hientzsche through Mrs. Gertrud Hildebrand to manage the house, page 2*

V A Preußischer Hypothekenbrief, Seite 1 (Vorderseite) / *Prussian mortgage deed, page 1 (front)*

V B Preußischer Hypothekenbrief, Seite 1 (Rückseite) / *Prussian mortgage deed, page 1 (back)*

V C Preußischer Hypothekenbrief, Seite 2 / *Prussian mortgage deed, page 2*

VI A Auszug aus dem Grundbuch, Vorderseite / *Extract from the land register, front page*

VI B Auszug aus dem Grundbuch, Rückseite / *Extract from the land register, back side*

VII A Rückübertragung des Grundstückes, Seite 1 (Vorderseite) / *Retransfer of the property, page 1 (front)*

VII B Rückübertragung des Grundstückes, Seite 1 (Rückseite) / *Retransfer of the property, page 1 (back)*

VII C Rückübertragung des Grundstückes, Seite 2 / *Retransfer of the property, page 2*

VIII Aufgesetztes Inserat zum Verkauf des Wohnhauses / *Advertisement for the sale of the residential house*

IX A Aufgesetztes ausführliches Inserat zu Verkauf des Wohnhauses, Seite 1 / *Detailed advertisement for the sale of the residential house, page 1*

IX B Aufgesetztes ausführliches Inserat zu Verkauf des Wohnhauses, Seite 2 / *Detailed advertisement for the sale of the residential house, page 2*

IX C Aufgesetztes ausführliches Inserat zu Verkauf des Wohnhauses, Seite 3 / *Detailed advertisement for the sale of the residential house, page 3*

X A Kaufvertrag (Verkauf der Immobilie) Ausfertigung, Seite 1 (Vorderseite) / *Sales contract (sale of the real estate) copy, page 1 (front)*

X B Kaufvertrag (Verkauf der Immobilie) Ausfertigung, Seite 1 (Rückseite) / *Sales contract (sale of the real estate) copy, page 1 (back)*

X C Kaufvertrag (Verkauf der Immobilie) Ausfertigung, Seite 2 (Vorderseite) / *Sales contract (sale of the real estate) copy, page 2 (front)*

X D Kaufvertrag (Verkauf der Immobilie) Ausfertigung, Seite 2 (Rückseite) / *Sales contract (sale of the real estate) copy, page 2 (back)*

X E Kaufvertrag (Grundstücksverkehrsgenehmigungen), Seite 1 / *Sales contract (Real estate traffic permits), page 1*

X F Kaufvertrag (Grundstücksverkehrsgenehmigungen), Seite 2 / *Sales contract (Real estate traffic permits), page 2*

X G Kaufvertrag (Unterschrift des Notars) / *Sales contract (signature of the notary)*

An die Tochter Gandula:

Wir möchten dir mitteilen, daß wir heute ein gemeinschaftliches notarielles Testament errichtet haben, in dem aus den bekannten Gründen Deine Schwester nicht bedacht ist. Wir haben uns nur schweren Herzens hierzu entschließen können. Unter den gegebenen Umständen hielten wir es aber für das Beste, jetzt so zu handeln. Was wir in dem Testament niedergelegt haben, ist unser wirklicher und ernstlicher Wille. Wir halten es aber für selbstverständlich, daß sich unsere beiden Kinder später, unter veränderten Umständen, so auseinandersetzen werden, als wenn beide im Testament gleichmäßig bedacht wären. An Deine Schwester haben wir im gleichen Sinne geschrieben.

Erich Hildebrand

Dr. Hildebrand
prakt. Arzt

Schönebeck (Elbe), den
Böttcherstraße 3 d

Dr. Hildebrand
prakt. Arzt
Schönebeck (Elbe)
Böttcherstraße 3d

Unser letzter Wille.

Wie,die Eheleute prakt.Arzt Dr.med.Erich Hildebrand und Frau Gertrud Hildebrand geb.Knauer zu Schönebeck/E. bestimmen für unseren Todesfall ,was folgt:

Wir setzen uns hiermit zu Erben ein; dergestalt also,daß der Überlebende von uns den Zuerstversterbenden allein beerbt.

Erst nach dem Tode des Letztlebenden von uns soll unser beiderseitiger Nachlaß zunächst an unsere Freundin Frau Liesbeth Neteband Schönebeck-Salzelmen,Allendorffstr.5a fallen.

Diese erhält die Erlaubnis von den Zinsen mit zu leben und von dem Ersparten die entstehenden Unkosten die zu bestreiten.

Sollte sich später mal eine Gelegenheit bieten,unsere beiden Töchter an der Erbschaft teilnehmen zu lassen,so erhält Frau Christa Heinze,geb.Hildebrand Heidelberg,Franz Knauffstr. 8 die eine H älfte und Frau Gundel Nagelhardt geb.Hildebrand Erlangen Kochstr.17 1/2 die andere Hälfte.

Das frühere Testament aus dem Jahre 1936 wird hiermit aufgehoben.

Schönebeck/E.,den 31.1.1955

Vorstehendes Testament meines Ehemannes soll auch als dasmeine gelten.

Schönebeck/E.,den 31.1.1955

Schönebeck, d. 6.2.55.

Nachtrag: Meine Sprechstundenhilfe, Frau Hienzsch meint, daß dies Testament wohl kaum in Frage kommt, da allein 20 % Erbschaftssteuern bezahlt werden müssen, da kein Verwandtschaftsverhältnis zwischen uns u. Frau Neteband besteht; das gleiche wäre dann später ungefähr der Fall, wenn das Geld

von Frau Notbomb zu meinen Töchtern übergeht.
Insgesamt 40 % kommt ja bei dieser Erbschaft nicht in Frage.
Vielleicht ist auch unsere Sorge ganz umsonst, dadurch, daß ich
noch die Einigung zwischen Ost- u. Westdeutschland erlebe.
Vielleicht gehe ich hier doch nochmal zu einem Rechtsanwalt
u. erkundige mich nach einem neuen Weg.

Dein Geburtstagsbrief für Mutti ist richtig eingetroffen, ebenso
Deine beiden Päckchen. Sie läßt herzlichst dafür danken.

Mit vielen herzlichen Grüßen auch von Mutti
an Euch alle.

Euer --- Vati.

Anlage I.

Abschrift.

Mein letzter Wille.

Im Falle meines Todes setze ich meine langjährige Sprechstundenhilfe, Frau Margarete Hienzsch in Schönebeck, Salztor, als nicht befreite (beschränkte) Vorerbin meines gesamten Nachlasses ein. Nacherbin beim Tode von Frau Hienzsch ist meine Tochter Gundula Engelhardt in Erlangen, Kochstr. 17 1/2.

Sollte ich vor meiner Frau versterben, so soll diese zeit ihres Lebens den Nießbrauch an dem gesamten Nachlaß haben.

Schönebeck/Elbe, den 7.4.1955.
Böttcherstr. 3d.

gez. Dr. Erich Hildebrand.

Testament.

Mein alleiniger Erbe soll mein Ehemann sein.

Sollte mein Mann vor mir versterben, so setze ich meine Tochter Gundula Engelhardt in Erlangen, Kochstr. 17 1/2, als meine Alleinerbin ein.

Schönebeck/Elbe, den 12. April 1955.

gez. Gertrud Hildebrand geb. Knauer.

III C

Anlage II.

Entwurf.

Gemeinschaftliches Testament.

1.

Ein Testament oder eine sonstige letztwillige Verfügung haben wir bisher nicht errichtet, weder allein noch gemeinschaftlich miteinander.

2.

Wir setzen uns gegenseitig zu unseren alleinigen Erben ein.

3.

Zur alleinigen Erbin des überlebenden Teiles ernennen wir unsere Tochter Gundula Engelhardt geb. Hildebrand in Erlangen, Kochstr. 17 1/2.

Ersatzerben sollen deren Abkömmlinge sein, und zwar nach den Regeln der gesetzlichen Erbfolge.

4.

Dem Überlebenden von uns bleibt vorbehalten, neben der Tochter Gundula (Ziff. 3) noch andere Personen zu Erben zu ernennen oder mit Vermächtnissen zu bedenken.

5.

Zum Testamentsvollstrecker, dem insbesondere die Verwaltung des Nachlasses obliegen soll, ernennen wir Frau Magarete Hienzsch in Schönebeck/Elbe, Salztor.

Das Amt des Testamentsvollstreckers beginnt mit dem Tode des Überlebenden. Es endigt mit dem Zeitpunkt, wo der oder die Erben des Überlebenden, oder einer von ihnen, willens und in der Lage sind, die Verwaltung des Nachlasses selbst zu übernehmen.

6.

Wenn Frau Hienzsch das Amt des Testamentsvollstreckers nicht übernehmen kann odernicht übernehmen will, so soll sie einen andern Testamentsvollstrecker ernennen. Für den Fall, daß sie das nicht tut, wird die Nachlaßbehörde um die Ernennung eines Testamentsvollstreckers gebeten.

Frau Hienzsch soll auch befugt sein, wenn sie das Amt des Testamentsvollstreckers abgeben will, oder für den Fall ihres Todes, einen Nachfolger zu ernennen. Wenn sie das nicht tut, wird die Nachlaßbehörde um die Ernennung eines Nachfolgers im Amt des Testamentsvollstreckers gebeten.

7.

Solange Frau Hienzsch das Amt des Testamentsvollstreckers führt, erhält sie für ihre Mühewaltung eine monatliche Vergütung von .... DM.

Wenn eine andere Person Testamentsvollstrecker wird, so soll deren Vergütung von der Nachlaßbehörde angemessen festgesetzt werden.

8.

Weiter haben wir nichts zu verordnen.

Den Wert unseres gegenwärtigen gemeinsamen Vermögens nach Abzug der Schulden geben wir auf schätzungsweise .... DM an.

Beglaubigte Abschrift

Nr. 83 der Urkundenrolle für 1956

Verhandelt

zu Schönebeck(Elbe), Böttcherstraße Nr. 3d,
am 25. Januar 1956.

Auf Ersuchen hatte sich der unterzeichnete Notar im Bezirke Magdeburg

Bernhard Mustert

mit dem Amtssitze in Schönebeck(Elbe) in das Grundstück Böttcherstraße Nr. 3d in Schönebeck(Elbe) begeben, wo er antraf die ihm persönlich bekannte

Witwe Gertrud Hildebrand, geborene Knauer, wohnhaft im angegebenen Grundstück.

Die Angetroffene erklärte:

Ich beabsichtige mit Rücksicht auf den Tod meines Ehemannes, meinen Wohnsitz zu meiner Tochter, der Ehefrau Gundula Engelhardt, geborenen Hildebrand, in Erlangen, Kochstraße 17 1/2, zu verlegen. Im Hinblick hierauf bevollmächtige ich

Frau Margarete Hienzsch, wohnhaft in Schönebeck(Elbe), Salztor Nr. 2,

1. meinen in Schönebeck(Elbe), Böttcherstraße 3d gelegenen Grundbesitz, verzeichnet im Grundbuche von Schönebeck Band 24 Blatt 1063,
2. meine Hypotheken von 3.300,- DM (Hypothekenschuldner Sauermann, Schönebeck(Elbe) bezw. 3.000,-- DM (Hypothekenschuldner Kluge, Wernigerode),

zu verwalten. Ich erteile der Frau Hienzsch insoweit

Vollmacht.

Sie soll berechtigt sein, sich in allen mit der Verwaltung des Grundbesitzes bezw. der Hypotheken zusammenhängenden Angelegenheiten gerichtlich und außergerichtlich, sowohl Privatpersonen als auch Behörden gegenüber, zu vertreten. Sie hat insbesondere für den Eingang der Mieten und der Hypothekenzinsen zu sorgen und darf Mietverträge abschließen,

sowie

V o l l m a c h t :

Ich, Gundula E n g e l h a r d t, geb.Hildebrand, Hausfrau in Erlangen, Kochstr.17 1/2, bevollmächtige hiermit

Frau Margarete Hienzsch, wohnhaft in Schönebeck/Elbe, Salztor Nr.2,

1. meinen in Schönebeck/Elbe, Böttcherstr.3d gelegenen Grundbesitz, eingetragen im Grundbuch von Schönebeck Band 24 Blatt 1063,
2. meine Hypotheken von 3.300.-DM (Hypothekenschuldner Sauermann, Schönebeck/Elbe) und 3.000.-DM (Hypothekenschuldner Kluge, Wernigerode),
3. mein Sperrkonto bei der Deutschen Notenbank,

zu verwalten. Ich erteile der Frau Hienzsch insoweit

V o l l m a c h t .

Sie soll berechtigt sein, mich in allen mit der Verwatlung des Grundbesitzes, der Hypotheken und des Sperrkontos zusammenhängenden Angelegenheiten gerichtlich und außergerichtlich, sowohl Privatpersonen als auch Behörden gegenüber,zu vertreten. Sie hat insbesondere für den Eingang der Mieten und der Hypothekenzinsen zu sorgen und darf Mietverträge abschließen sowie zu Auflösung bringen und alle diejenigen Verträge abschließen, die im Zusammenhang mit der Instandhaltung des Grundbesitzes in Schönebeck/Elbe, Böttcherstr.3d, stehen.

Meine Bevollmächtigte und ich sollen berechtigt sein, das Vollmachtsverhältnis beiderseits mit einer Frist von mindestens drei Monaten schriftlich durch eingeschriebenen Brief mit Ablauf eines Kalenderhalbjahres, das heißt zum 30.Juni und 31.Dezember, zur Auflösung zu bringen.

Erlangen, den 24. Juli 1957.

Regelwert.	
Geb.§ 39	5,-- DM
Ums.St.	-.20 DM
zus.	5,20 DM

Notar.

Urk.R.Nr.1914/1957 H -b- .

Beglaubigt wird die Echtheit der vorstehenden Unterschrift von

Frau Gundula E n g e l h a r d t , geborene Hildebrand, Hausfrau in Erlangen, Kochstrasse 17 1/2, dem Notar persönlich bekannt.

Erlangen, den vierundzwanzigsten Juli neunzehnhundertsiebenundfünfzig.

Notar.

sowie zur Aufhebung bringen und alle diejenigen Verträge abschließen, die im Zusammenhang mit der Instandhaltung des Grundbesitzes in Schönebeck(Elbe), Böttcherstraße 3d, stehen.

Frau Hienzsch erhält für ihre Tätigkeit eine monatliche Entschädigung von 70 - siebzig - DM, die aus den Einkünften meiner Grundstückswerte zu zahlen ist.

Meine Bevollmächtigte und ich sollen berechtigt sein, das Vollmachtverhältnis beiderseits mit einer Frist von mindestens drei Monaten schriftlich durch eingeschriebenen Brief mit Ablauf eines Kalenderhalbjahres, das heißt zum 30. Juni bezw. 31. Dezember, zur Auflösung zu bringen.

Diese Vollmacht gilt bis zu meinem Tode. Alsdann tritt gemäß Ziffer 5 des gemeinschaftlichen Testaments meines verstorbenen Ehemannes mit mir vom 23. Juli 1955 (Nr. 160 der Urkundenrolle für 1955 des Notars Dr. Erich Winter in Schönebeck) die Testamentsvollstreckung ein.

Die Bevollmächtigung der Frau Margarete Hienzsch erfolgt auf der Grundlage der Anordnung über das Vermögen von Personen, welche die Deutsche Demokratische Republik verlassen, vom 1. Dezember 1953 (Gesetzblatt 1953 Seite 1231 ff).

Der Wert der Vollmacht beträgt 3.000,-- DM.

Vorstehendes Protokoll wurde der Angetroffenen vorgelesen, von ihr genehmigt und sodann unterschrieben:

gez. Gertrud Hildebrand geb.Knauer

gez. Bernhard Mustert
Notar

Die vorstehende Abschrift stimmt mit der mir in Urschrift vorgelegten Hauptschrift wörtlich überein.

Schönebeck (Elbe), den 26. Januar 1956

DEUTSCHE DEMOKRATISCHE REPUBLIK – Notar Bernhard Mustert in Schönebeck –

Bernhard Mustert
Notar

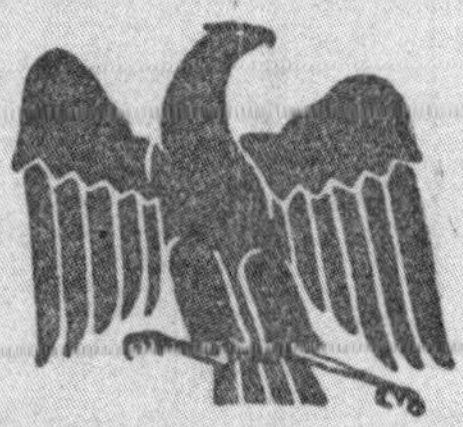

Preußischer Hypothekenbrief

über

die in dem Grundbuche von Schönebeck (Elbe) (Kreis Calbe)

Band 22 Blatt Nr. 985 Abteilung III

Nr. 5 eingetragenen

3300 Goldmark.

Inhalt der Eintragung:

3300 GM. Dreitausenddreihundert Goldmark - eine Goldmark ist 1/2790 Kg Feingold mindestens 1 Reichsmark-Darlehn mit jährlich 3 vom Hundert zu verzinsen für den prakt. Arzt Dr.med. Erich Hildebrandt in Schönebeck-Bad Salzelmen, Böttcherstrasse Nr 3 d, unter Bezugnahme auf die Bewilligung vom 8. November 1932 eingetragen am 6. Dezember 1932.

A. G.

Nr. 1. Preußischer Hypothekenbrief.

Ler. 1/1932

Belastete Grundstücke:

Lfde. Nr.	Gemarkung	Flurbuch: Kartenblatt (Flur) Nr.	Flurbuch: Parzelle Nr.	Grundsteuermutterrolle Art.	Gebäudesteuerrolle Nr.	Wirtschaftsart und Lage	Größe ha	Größe a	Größe qm	Grundsteuerreinertrag Tlr.	Grundsteuerreinertrag 1/100	Gebäudesteuernutzungswert Mark
1	Schönebeck	Anteil 1	798/609	327	801	Friedrichstraße Nr 9 bebauter Hofraum mit Hausgarten	Anteil	3	30	.	.	940.-

Eigentümer

Bertha Emmy Marie Vollmer geboren den 14. April 1874 zu Schönebeck jetzige Ehefrau des Schornsteinfegermeisters Nicolaus Wachtel.

Vorgehende oder gleichstehende Eintragungen:

Abteilung II und III :

K e i n e.

Schönebeck-Bad Salzelmen, den 6. Dezember 1932.

Preussisches Amtsgericht Schönebeck (Elbe).

Koch, Justizinspektor als Rechtspfleger.

Hossbach, Justizsekretär, als Urkundsbeamter der Geschäftsstelle.

Vorstehende

Vorstehende Hypothek über 3300 Goldmark ist abgetreten mit den Zinsen seit dem 1. Juli 1949 an die Ehefrau Gertrud H i l d e b r a n d geb. Knauer in Schönebeck/Elbe.

Dies ist heute im Grundbuch eingetragen.

Schönebeck/Elbe, den 21. Juli 1949
Das Amtsgericht.

Amtsgericht Schönebeck/Elbe

Lilong
Justizoberinspektorin
als Rechtspfleger.

Palen
Justizobersekretär k.A.
als Urkundsbeamter der
Geschäftsstelle.

Auf Grund des notariellen Testamentes vom 23. 7. 1955 - IV 70/56 - übergegangen auf die Ehefrau Gundala Engelhardt geb. Hildebrand in Erlangen. Eingetragen am 5. Dezember 1968.

Schönebeck, den 9. Dezember 1968
Rat des Bezirkes Magdeburg
Liegenschaftsdienst
Außenstelle Schönebeck

Rat des Bezirkes Magdeburg – Liegenschaftsdienst –

Bringezu
Bringezu
i.V. Leiter der Außenstelle

Rat des Bezirkes Magdeburg
– Liegenschaftsdienst –
Außenstelle Schönebeck
Baderstraße 14

Schönebeck, den 24.6.1974

Auszug aus dem Grundbuch

von Schönebeck Blatt 1063

Gemeinde Schönebeck
(In Groß-Berlin: Ortsteil)

Gemarkung Schönebeck

angelegt am

Bestandsblatt-Nr. 904

Bestand

Lfd.-Nr. der Grundstücke	Nummer der Flur	Nummer des Flurstücks	Lage	Nutzungsart	Fläche ha	Fläche a	Fläche m²	Ertragsmeßzahl	Gesamtfläche des Flurstücks ha	Gesamtfläche des Flurstücks a	Gesamtfläche des Flurstücks m²
1		2	3	4		5		6		7	
1.	1	40/1	Böttcherstr. 3 d	Hf		9	29			9	29

A = Ackerland
G = Gartenland
Gbf = Gebäudefläche
Gr = Grünland
H = Wald (Holzung)
Hei = Heide
Hf = Hof- und Gebäudefläche
Hpf = Hopfenpflanzung
Hu = Hutung
Mo = Moor (Moos)
Str. = Streuwiese
U = Unland
W = Wiese
Wa = Wasserfläche
Wg = Weingarten
Nk.......... = Neukultur (Jahr)

Erste Abteilung

Laufende Nummer der Eintragungen	Eigentümer	Laufende Nummer der Grundstücke auf dem Bestandsblatt	Grundlage der Eintragungen
1	2	3	4
1 - 4.	gelöscht		
5.	Hausfrau Gundula E n g e l h a r d t geb. Hildebrand in Erlangen	1.	Auf Grund des notariellen Testaments des Staatlichen Notariats Schönebeck vom 23. Juli 1955 - IV 70/56 und des Antrages vom 10. April 1957 eingetragen am 27. April 1957. gez. Unterschrift

Zweite

Laufende Nummer der Eintragungen	Lfd. Nummer der belasteten Grundstücke auf dem Bestandsblatt	Lasten und Beschränkungen
1	2	3
1 -	2. gelöscht	
3.	1	Der Besitzer der benachbarten Parzelle Blatt 1 Nr. 1931/40 ist berechtigt, hart an der Grenze Gebäude ohne Treufenfall auf dieses Grundstück aufzuführen. Eingetragen auf Grund der Verhandlung vom 22. September 1893. gez. Unterschriften

Dritte

Laufende Nummer der Eintragungen	Lfd. Nummer der belasteten Grundstücke auf dem Bestandsblatt	Betrag	Hypotheken, Grundschulden, Rentenschulden
1	2	3	4
1 -	5.	gelöscht	
6.	1	6.600,- DM	Sechstausendsechshundert Deutsche Mark Darlehn mit 5 - fünf - vom Hundert jährlich zu verzinsen für Fräulein Charlotte Hildebrand in Berlin - Tempelhof unter Bezugnahme auf die Eintragungsbewilligung vom 22. November 1948 brieflos eingetragen am 14. Dezember 1948. gez. Unterschriften

Landratsamt O-3300 Schönebeck
Der Landrat

O-3300 Schönebeck,
den 21.1.92
Vermögensamt
Tel.: 41220

Über
Herrn
Hans-Ulrich Wolff
Leninstraße 1a

O-3300 Schönebeck

EINGEGANGEN 23. Jan. 1992

An
Frau
Gundula Engelhardt
Königsbergerstr. 20

W-8520 Erlangen

Az.: 15038 000200 91

Betr.: Vollzug des Gesetzes zur Regelung offener Vermögensfragen (VermG)

hier: Vermögenswert: siehe Anlage

Auf Ihren Antrag vom 27.08.1990 erläßt das Amt zur Regelung offener Vermögensfragen in O-3300 Schönebeck gemäß § 3 VermG folgenden

Bescheid:

1. Das Eigentum an
dem Grundstück in Schönebeck, Böttcherstraße 3d
Flur 1 Flurstück 5347/40
Flurstück 5346/40

wird an

Frau Gundula Engelhardt

übertragen.

Folgende dingliche Belastungen sind gemäß § 18 Abs. 1 Satz 1 VermG im Grundbuch einzutragen:

Abteilung II: Der Besitzer der benachbarten Parzelle Blatt 1 Nr. 1931/40 ist berechtigt, hart an der Grenze Gebäude ohne Traufenfall auf dieses Grundstück aufzuführen. Eingetragen auf Grund der Verhandlung vom 22.September 1893 am

29.Septemnber 1893

Abteilung III: 1) 6.600,00 Deutsche Mark Darlehen mit fünf von Hundert jährlich verzinslich für Fräulein Charlotte Hildebrandt in Berlin-Tempelhof unter Bezugnahme auf die Eintragungsbewilligung vom 22.November 1948 brieflos eingetragen am 14.Dezember 1948

2)11.560,06 Deutsche Mark Sicherungshypothek mit vier von Hundert jährlich verzinslich zu Gunsten des Entschädigungsfonds für das Landratsamt Schönebeck

2. Das Verfahren ist kostenfrei. Auslagen werden nicht erstattet.

B e g r ü n d u n g :

I.

Mit Schreiben vom 27.08.1990 haben Sie die Rückübertragung der oben bezeichneten Grundstücke beantragt.

Von Ihrem Wahlrecht gemäß § 8 VermG haben Sie keinen Gebrauch gemacht.

Dingliche und sonstige Rechte Dritter an den Grundstücken ergeben sich nicht.

II.

Das Amt zur Regelung offener Vermögensfragen in O-3300 Schönebeck ist zur Entscheidung über den Antrag sachlich und örtlich zuständig (§ 35 VermG).

Ihrem Antrag war zu entsprechen, da Sie hinsichtlich der oben bezeichneten Grundstücke gemäß § 3 Abs. 1 in Verbindung mit § 1 Abs. 1 VermG rückübertragungsberechtigt sind.

Der Entscheidung liegen folgende Erwägungen zugrunde:

Das Grundstück in Schönebeck, Böttcherstraße 3d wurde auf der Grundlage des Aufbaugesetzes vom 06.09.1950 mit Wirkung vom 01.02.1983 in Volkseigentum überführt. Laut Vermögensgesetz ist hier eine Rückübertragungvorgesehen.

Ausschlußgründe gem. §§ 4, 5 VermG liegen nicht vor.

Die in der Abteilung III unter Punkt 1 einzutragende Hypothek war zum Zeitpunkt der Überführung in Volkseigentum noch Bestandteil des

Grundbuches und kann bei Vorlage von Einzahlungsbelegen in unserem Amt vor Eintragung gelöscht werden.
Die unter Punkt 2 aufgeführte Sicherungshypothek zu Gunsten des Entschädigungsfonds kann durch Sie auf das Konto beim

Bundesamt zur Regelung offener Vermögensfragen
-Entschädigungsfonds-
Deutsche Bundesbank Filiale Berlin
Bankleitzahl 120 000 00
Konto-Nr. 1200 1402

vor Rechtswirksamkeit dieses Bescheides eingezahlt werden.
Nach Vorlage eine Kopie der Einzahlungsquittung erfolgt durch uns keine Eintragung der Hypothek.

Mit der unanfechtbaren Rückübertragung des Eigentums sind die Rechte und Pflichten, die sich aus dem Eigentum ergeben, von Ihnen wahrzunehmen. Mit der Rückübertragung treten Sie in alle in bezug auf den Vermögenswert bestehenden Rechtsverhältnisse ein. Rechte Dritter, insbesondere bestehende Miet- oder Nutzungsrechtsverhältnisse werden durch die Rückübertragung nicht berührt.

Sobald dieser Bescheid unanfechtbar geworden ist, wird die Berichtigung des Grundbuches von Amts wegen (§ 34 Abs. 2 VermG) veranlaßt werden.

Die Entscheidung über die Kosten ergibt sich aus § 38 Absatz 1, 2 Satz 1, 3 VermG.

R e c h t s b e h e l f s b e l e h r u n g

Gegen diesen Bescheid können Sie gemäß § 36 VermG Widerspruch erheben. Der Widerspruch ist innerhalb eines Monats nach Zustellung dieses Bescheides beim Amt zur Regelung offener Vermögensfragen in O-3300 Schönebeck, Landratsamt, Barbyer Tor schriftlich zu erheben. Der Widerspruch soll begründet werden.

i.V.

Jeziors

LANDKREIS SCHÖNEBECK
LANDRATSAMT
2

Miethaus Verkauf:

Miethaus in Schönebeck/Elbe, Böttcherstr. 3d, 14 km von der Landeshauptstadt Magdeburg entfernt. Citylage - ruhige Seitenstr. der Hauptstr.
Das Haus hat 4 Wohnungen.
Parterre: je 3 Zimmer, Küche, Bad.
1.Stock: 8 Zimmer, z.T. repräsentative Räume mit Küche u. Bad.
(Ehemalige Arztpraxis mit Wohnung).
2. Stock: 4-5 Mansardenzimmer und Boden.
dazu Garage, Garten und Hof 920qm, davon 150qm enteignet.

Besitzer:
Gundula Engelhardt
Königsbergerstr. 20
Tel. 09131-32780

Anlage I

Information zum Anwesen Böttcherstraße 3 d

1. Baujahr, Baustil und Zuschnitt des Gebäudes

Das Haus wurde 1896 von meinem Großvater, Dr. Otto Hildebrand, als dreigeschossiges Wohngebäude mit Arztpraxis erbaut. In dem angehobenen Erdgeschoß befanden sich von Anfang an zwei Mietwohnungen, während das großzügig ausgelegte, teilweise mit Stuckdecken versehene 1. Stockwerk, die "Belletage" des Hauses, als repräsentative Familienwohnung und Arztpraxis diente. Die Wohnräume im großteils ausgebauten Dachgeschoß gehörten ursprünglich ebenfalls zur Wohnung meines Großvaters.

Das Gebäude wurde als Backsteingebäude im wilhelminischen Zeitgeschmack ausgeführt. Die symmetrische Fassada ist in der Horrizontalen durch mehrere Gesimse gegliedert. Das Dach ist zur Straßenseite als Mansarddach ausgebildet und besitzt neben den Dacherkern ein mit historistischen Schmuckformen versehenes Zwerchhaus, das die Mittelachse betont.

2. Größe und Beschaffenheit des Grundstücks

Das Grundstück hat eine Fläche von 895 qm. Davon entfallen ca. 575 qm auf den nordwärtigen Hof und Garten sowie auf die Garage bzw. die Garageneinfahrt, die sich östlich an das Wohngebäude anschließen.
(Die Garage ist auf dem anliegenden Lageplan von 1896 noch nicht verzeichnet, da mein Vater sie erst in den 30er Jahren auf dem angrenzenden Gartengrundstück errichten ließ. Den angeforderten Ausschnitt aus dem derzeit gültigen Katasterplan habe ich noch nicht erhalten).

3. Lage des Grundstücks

Das Grundstück befindet sich im historischen Zentrum Schönebecks an einer ruhigen Querstraße der Hauptstraße (Salzer Straße). Auch das Rathaus, der Marktplatz und die spätgotische Stadtkirche am Breiten Weg ("Thälmann Straße") sind in unmittelbarer Nähe. Das Gebäude befindet sich damit in der besten Wohngegend Schönebecks. Die neue Landeshauptstadt Magdeburg ist nur ca. 15 km vom Stadtkern Schönebecks entfernt.

4. Wohnfläche und Nutzfläche

Das Gebäude hat eine Grundfläche von ca. 270 qm (überbaute Fläche).

Zur Wohn- und Nutzfläche lassen sich anhand der anliegenden Baupläne folgende Angaben machen:

Keller (einschließlich Treppenhaus): ca. 270 qm

Erdgeschoß:

linke (westliche) Wohnung: ca. 116 qm, davon 9 qm Korridor

rechte (östliche) Wohnung: ca. 87 qm, davon 6 qm Korridor

1. Obergeschoß:

Wohnung mit Arztpraxis: ca. 220 qm, davon 25 qm Korridor

2. Obergeschoß:

Mansardenwohnung: ca. 145 qm, davon 24 qm Korridor

ausbaufähiger Dachboden: ca. 63 qm

Damit ergibt sich - Küchen,Bäder, Toiletten und Korridore eingerechnet - eine gesamte Wohnfläche von 568 qm bzw. unter Abzug der Korridore von 504 qm.

5. Mieter

In dem Gebäude wohnen gegenwärtig vier Mietparteien, zwei in den beiden Wohnungen im Erdgeschoß, eine im 1. Obergeschoß und eine in der Mansarde. Die Höhe der Mieten ist mir derzeit noch nicht bekannt, jedoch habe ich die entsprechenden Unterlagen bereits angefordert.

6. Gebäudesanierung

Das Gebäude befand sich bis Kriegsende in sehr gutem baulichen Zustand, ist jedoch infolge der unzureichenden Renovierungs- und Modernisierungsmaßnahmen nach 1945 sanierungsbedürftig. Zum Umfang der erforderlichen Sanierungsmaßnahmen kann ich mich nicht äußern. Immerhin konnte ich bei meinem letzten Besuch in Schönebeck im vergangenen Jahr in Erfahrung bringen, daß die linke und vermutlich auch die rechte Wohnung im Erdgeschoß sowie die Mansardenwohnung inzwischen über Bäder und eigene Toiletten verfügen. Die Bausubstanz des Gebäudes ist gut.

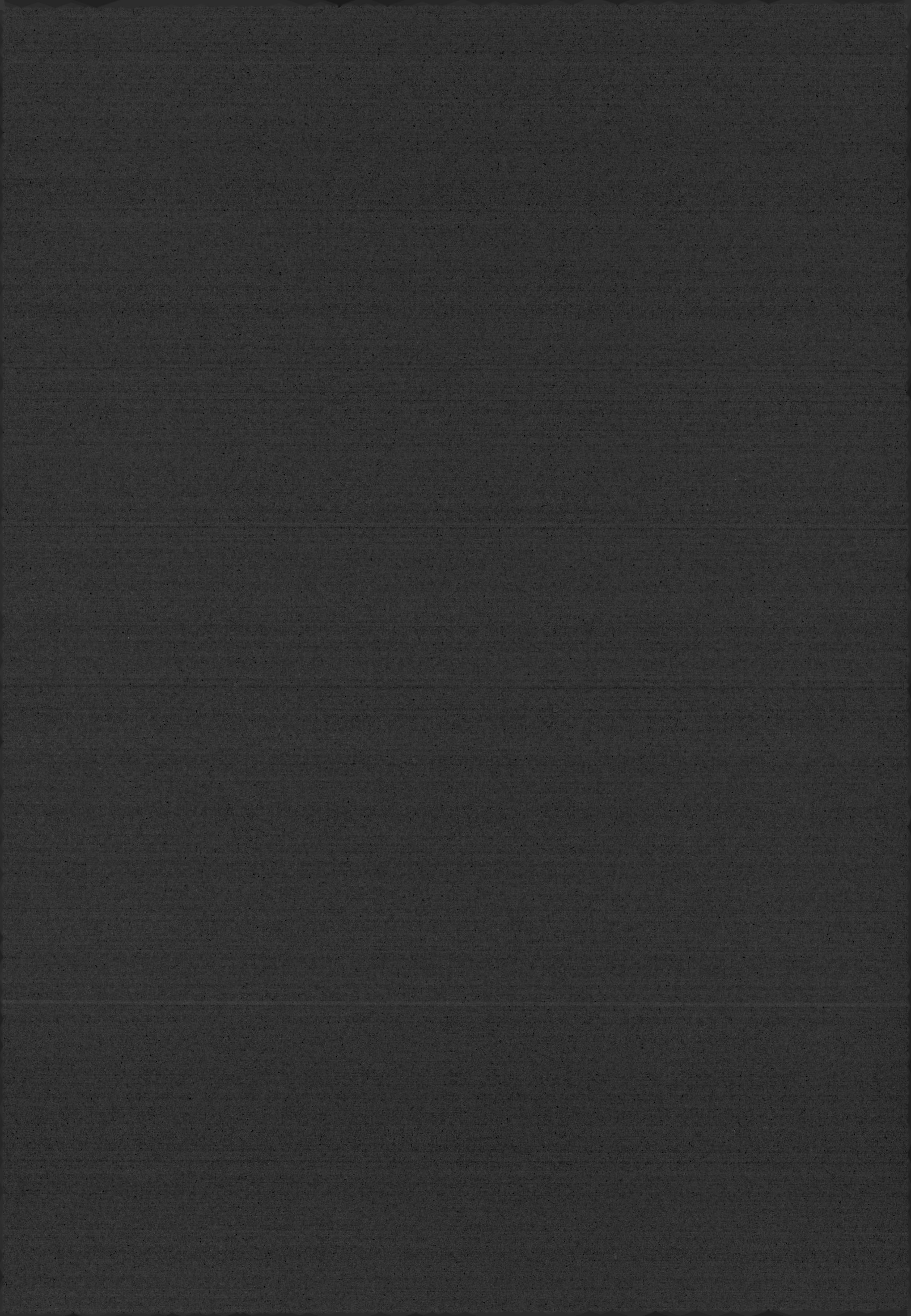

Ausfertigung

URNr. S1515/92

vom 15. April 1992

K a u f v e r t r a g

Heute, den fünfzehnten April
neunzehnhundertzweiundneunzig
- 15. April 1992 -
erschien vor mir,

Dr. Joseph S a f f e r l i n g

Notar in Erlangen, in den Amtsräumen in Erlangen:

Frau Gundula E n g e l h a r d t ,
geb. Hildebrand,
geb. am 26.5.1924,
wohnhaft in W-8520 Erlangen,
Königsberger Str. 20,
nach Angabe im gesetzlichen Güterstand verheiratet,
mir, Notar, persönlich bekannt,
hier handelnd

a) im eigenen Namen
b) vorbehaltlich Genehmigung für
Herrn [redacted],
geb. am 12.3.1955, Kfm.,
wohnhaft Berliner Chaussee 41 in O-3050 Magdeburg,
nach Angabe unverheiratet.

Auf Ansuchen der Erschienenen beurkunde ich ihren Erklärungen gemäß ohne Grundbucheinsicht, wobei auf Beurkundung bestanden wurde, folgenden

K a u f v e r t r a g :

I.

Im Grundbuch für

Schönebeck Bl. 1063

war seinerzeit Frau Gundula Engelhardt, geb. Hildebrand als Alleineigentümerin des Grundstücks
Flur 1, Flur-Nr. 40/1 Böttcherstr. 3 d zu 929 qm
eingetragen.

Das Grundstück war wie folgt belastet:

Abt. II:

Der Besitzer der benachbarten Parzelle Blatt 1 Nr. 1931/40 ist berechtigt, hart an der Grenze Gebäude ohne Traufenfall auf dieses Grundstück aufzuführen. Verhandlung vom 22. September 1893.

Abt. III:

6.600,-- Mark Darlehen für Fräulein Charlotte Hildebrand.

Der Grundbesitz war in Volkseigentum überführt worden. Gemäß dem heute vorliegenden, hier in Abschrift beigehefteten Bescheid des Landratsamts O-3300 Schönebeck vom 21.1.1992 wird das Eigentum an dem Grundstück Schönebeck, Böttcherstr. 3 d, das nunmehr die Bezeichnung
Flur 1 Flurstück 5347/40 und 5346/40 führt, an Frau Gundula Engelhardt zurückübertragen.

Das Grundstück hat jedoch nur noch eine Größe von 845 qm, weil eine Teilfläche von 84 qm von einem früheren volkseigenen Betrieb überbaut wurde, so daß dieser Te nicht zurückübereignet werden kann.

Folgende Belastungen sind dabei einzutragen:

<u>Abt. II:</u>

Das vorgenannte Traufenfallrecht.

<u>Abt. III:</u>

Das vorgenannte Darlehen zu 6.600,-- Mark für Fräulein Charlotte Hildebrand und außerdem 11.560,06 DM Sicherungshypothek mit 4 % Jahreszinsen zugunsten des Entschädigungsfonds für das Landratsamt Schönebeck.

Frau Gundula Engelhardt versichert, daß das Darlehen zu 6.600,-- Mark getilgt ist. Sie verpflichtet sich, den Käufer von jeder Inanspruchnahme für dieses Grundpfandrecht freizuhalten.

II.

Frau Gundula E n g e l h a r d t

- im folgenden "Verkäufer" genannt -

v e r k a u f t

hiermit den in Ziffer I. näher bezeichneten Grundbesitz mit allen Bestandteilen und Rechten

a n

Herrn

- nachstehend "Käufer" genannt -

zum Alleineigentum.

Die Vertragsteile verpflichten sich, nach vollständiger Kaufpreiszahlung die Auflassung zu erklären und entgegenzunehmen. Der Käufer bevollmächtigt die Verkäuferin, befreit von den Beschränkungen des § 181 BGB, ihn bei der Erklärung der Auflassung zu vertreten und alle zur Eigentumsumschreibung erforderlichen Erklärungen abzugeben und Anträge zu stellen.

Zur Sicherung des Anspruchs des Käufers auf Übertragung des Eigentums bewilligt der Verkäufer die Eintragung einer Vormerkung nach § 883 BGB zugunsten des Käufers am verkauften Besitz in das Grundbuch. Der Käufer

b e a n t r a g t

deren Eintragung.
Eine eingetragene Vormerkung soll ohne weiteren Antrag Zug um Zug mit der Eintragung der Auflassung unter der Voraussetzung gelöscht werden, daß in diesem Zeitpunkt keine ohne Zustimmung des Käufers erfolgten Zwischeneintragungen bestehen.

III.

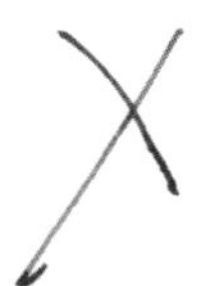

Der vereinbarte Kaufpreis beträgt DM 335.000,--
- Deutsche Mark dreihundertfünfunddreißigtausend -.

Der Kaufpreis ist zur Zahlung fällig innerhalb von 3 Monaten nach Erhalt einer Mitteilung des Notars darüber, daß die Auflassungsvormerkung für den Käufer im Rang nach den jetzt eingetragenen Belastungen und solchen, an deren Bestellung der Käufer selbst mitgewirkt hat, im Grundbuch eingetragen ist.

Bis zum Eintritt der Fälligkeit ist der Kaufpreis unverzinslich, ab diesem Zeitpunkt ist der Kaufpreis jedoch ohne weitere Mahnung mit 14 % jährlich - vierzehn vom Hundert - zu verzinsen.

Landratsamt Schönebeck

- Der Landrat -

Postanschrift: Landratsamt Schönebeck · Cokturhof · O-3300 Schönebeck (Elbe)

- Amt für Liegenschaften -

Bearbeiter: Arend | Zimmer: 2122
Vermittlung (09 38) 41 0 | Durchwahl 41 720

Notar
Dr. Safferling

Universitätsstr. 2

W-8520 Erlangen

Datum und Zeichen Ihres Schreibens | Unser Zeichen Az.: 428 /92 | Datum 17.6.92

Bescheid in Grundstücksverkehrssachen

Betr.: Grundstücksverkehrsgenehmigung

Verkäufer: Frau Engelhardt

Käufer: [geschwärzt]

Vertrag vom: 15.April 1992

Notar: Dr.Safferling

Urkundenr.-Nr.: S1515 /92

Grundstücksbezeichnung: ....

Gemarkung	Grundbuch von	Band	Blatt	Größe in m²
	Schönebeck		1063	929

Antragsteller	Antragsdatum	Antragseingang
Notar Dr.Safferling	27.4.92	2.6.92

Der Vertrag wird auf Grundlage der Grundstücksverkehrsverordnung vom 15.12.1977, zuletzt geändert durch Anlage II Kapitel III Sachgebiet B des Einigungsvertrages genehmigt.

G r ü n d e

....

....

....

....

Rechtsbehelfsbelehrung

Gegen diesen Bescheid können Sie gemäß § 18 GVVO innerhalb einer Frist von 4 Wochen, gerechnet vom Tag des Zugangs oder der Entscheidung, schriftlich oder mündlich unter Angabe der Gründe beim Landratsamt Schönebeck, Amt für Liegenschaften, Cokturhof, O-3300 Schönebeck Beschwerde einlegen.

i.V. [Unterschrift]
....
Jeziorsky
L a n d r a t

LANDKREIS SCHÖNEBECK 2 LANDRATSAMT

* Dieser Bescheid ergeht gebührenfrei.
* Nur weiter ausfüllen, wenn der Vertrag nicht oder unter Auflage genehmigt wird.

Vorstehende mit der Urschrift übereinstimmende Ausfertigung wird

Frau Gundula Engelhardt, wohnhaft
in Erlangen, Königsberger Str. 2o

auf Ansuchen erteilt.

Erlangen, den 1. Dezember 1992

Notar

GIFT

Kerstin Stakemeier
Julian Irlinger

Die Schenkung an das Wende Museum of the Cold War umfasst 23 Fotografien und 10 Dokumente, welche die Eintragung im Grundbuchamt, die Vererbung, die Überführung in das Volkseigentum der DDR, die Rückübertragung im Zuge der Vereinigung und den Verkauf des Grundstücks Böttcherstraße 3d in Schönebeck an der Elbe betreffen. Die Materialien stammen aus dem Nachlass von Gundula Engelhardt, der Großmutter von Julian Irlinger. Die Dokumente sind unter der Nummer 2020.020 im Archiv des Wende Museum verzeichnet.

EIGENTUM

„Eine der größten Herausforderungen in der Geschichte der Bundesrepublik Deutschland stellte sich mit der deutschen Vereinigung und der damit verbundenen Aufgabe, die sozialistische Planwirtschaft in die Soziale Marktwirtschaft zu transformieren.“ [1]

Die DDR entwickelte eine gespaltene Eigentumsstruktur, die sich von der im Bürgerlichen Gesetzbuch gültigen Auffassung der BRD abgrenzte. Sozialistisches Eigentum setzte sich zusammen aus Volkseigentum, Eigentum sozialistischer Genossenschaften und Eigentum gesellschaftlicher Organisationen. Individuelles Eigentum bestand aus persönlichem Eigentum und privatem Eigentum.[2]

Die Verfassung gab dem sozialistischen Eigentum Vorrang.[3] Davon galt das Volkseigentum als höchste Form des Eigentums, dessen Träger der Staat war.[4] Das individuelle Eigentum durfte den gesellschaftlichen Interessen nicht entgegenlaufen. Beim persönlichen Eigentumsrecht war die Funktionsgebundenheit ausschlaggebend: Es sollte der Befriedigung materieller und kultureller Bedürfnisse von Eigentümer*innen und deren Familie dienen.[5] Privates Eigentum betraf vor allem kleine private Betriebe. Es wurde durch die Verfassung nicht geschützt, sondern als ein Rest zu überwindender kapitalistischer Eigentumsstruktur geduldet.[6] So verfolgte der Staat eine sozialistische Bodenpolitik zur Zurückdrängung des Privateigentums. Durchgesetzt wurde eine Kollektivierung der Landwirtschaft durch Planwirtschaft und die Verhinderung der privaten Besitzkonzentrationen. Bis zum Tag der Vereinigung vollzog sich die wirtschaftliche Tätigkeit in der DDR zu über 90% in staatlichen Betrieben.[7] Die Wende bedeutete das Ende dieser Eigentumsbestimmungen und die Herstellung einer privaten Eigentumsordnung im Sinne einer marktwirtschaftlichen Wirtschaftsverfassung.[8]

... NICHT OHNE ANEIGNUNG

Zunächst erscheint die Figur der Aneignung lediglich als ein fragwürdiger Effekt des Lebens inmitten von Eigentumsformen. Sie markiert immer übergriffige Erweiterungen, ihre nachträglichen Korrekturen und überladenden Doppelbesetzungen. Aneignungen sind stets transgressive Akte der Inbesitznahme. Sie sind immer Überschreitungen, immer Grenzverschiebungen. Aneignungen sind immer Eigentumsdelikte. Doch dieser Aneignung von Eigentum muss eine andere Aneignung vorausgegangen sein, die Aneignung als Eigentum. Aneignung ist die kapitalisierende Vergegenwärtigung und Vermessung kultureller und sozialer Formen als Besitz. Sie existiert heute innerhalb eines modernen Zeithorizonts der sich rückblickend mehr und mehr naturalisiert und verewigt, der uns die Eigentumsform als naturalisierte Existenzweise der Dinge und Menschen vorstellt. Und doch sind die Vorgeschichten dieser Zeit der Aneignung noch in Sichtweite: Sie handeln von der Aneignung des Privateigentums als Beginn der modernen Zeiten bürgerlicher Freiheiten, und von der Identifikation des eigentumslosen Lebens als dessen

1 Deutschland. Bundesministerium der Finanzen, Hrsg., *Privatisierung in Deutschland* (Bonn: Bundesministerium der Finanzen, Referat Öffentlichkeitsarbeit, 1994), S. 27

2 Vgl. Guido Harder, *Das verliehene Nutzungsrecht: Herausbildung und Entwicklung eines Rechtsinstituts des DDR-Bodenrechts* (Berlin: Berlin Verlag Arno Spitz, 1998), S. 8

3 Verfassung der Deutschen Demokratischen Republik vom 6. April 1968 (in der Fassung vom 7. Oktober 1974), Artikel 2, Absatz 2: "Das feste Bündnis der Arbeiterklasse mit der Klasse der Genossenschaftsbauern, den Angehörigen der Intelligenz und den anderen Schichten des Volkes, das sozialistische Eigentum an Produktionsmitteln, die Leitung und Planung der gesellschaftlichen Entwicklung nach den fortgeschrittensten Erkenntnissen der Wissenschaft bilden unantastbare Grundlagen der sozialistischen Gesellschaftsordnung."

4 Vgl. Harder, *Das verliehene Nutzungsrecht*, S. 7 f.

5 Vgl. Markus Escher: *Die Vererbung von Eigenheimen auf ehemals volkseigenen Grundstücken*, Berlin, 1997, S. 56

6 Vgl. Escher: *Die Vererbung von Eigenheimen auf ehemals volkseigenen Grundstücken*, 1997, S. 57

7 Vgl. Deutschland. Bundesministerium der Finanzen: *Privatisierung in Deutschland*, 1994, S. 27

8 Vgl. Thomas Gülle (Hrsg.): *10 Jahre – Bundesamt zur Regelung offener Vermögensfragen*, Berlin, 2001, S. 7

abhängiger Variable. Sie handeln von Kolonialisierungen, und Christianisierungen, von Verstaatlichungen von Geschlechternormen und von Nationalisierungen von Denkformen. Aber diese Vorgeschichten selbst sind heute, dort wo sie in die Gegenwart hineinlaufen, auch durchsetzt von den oftmals selbst überaus modernen sozialistischen und kommunistischen Versuchen sich dieser Eigentumsformen wieder zu entledigen, und an die Stelle von Aneignungen Enteignungen treten zu lassen. Enteignungen von Privateigentum, nicht Enteignungen durch Privateigentum. Enteignungen die das Ziel haben kulturelle und soziale Formen (wieder) jenseits ihres Besitz(zu)standes erfahrbar zu machen. Und nur wenn man selbst noch die DDR, diesen späten Ausläufer sozialistischer Hoffnungen, statt als schlecht organisierten Kapitalismus als reorganisierenden Sozialismus zu begreifen versucht, als Gesellschaft aufgebaut im Horizont einer gemeinschaftlichen Enteignung, wird nachvollziehbar, was es war, das mit ihr scheiterte.

Als unserer heutigen Gegenwart vorausgesetzter Prozess der Modernisierung ist die Aneignung im Historischen Wörterbuch der Philosophie[9] nicht einmal verzeichnet. Ihre Abwesenheit markiert sie als bloße Formsache: ihr kommt kein philosophischer Gehalt zu. Das denkende Subjekt der modernen Aufklärung besitzt sich immer schon, es eignet sich die Welt immer bereits an. Er ist immer bereits ins Eigentum seiner selbst befreit.[10] Was jedoch angeeignet wird, was gezwungen wird nicht als Selbsteigentum sondern als Fremdeigentum sein Leben zu fristen, verliert sich auch philosophisch. Und selbst im Historisch Kritischen Wörterbuch des Marxismus[11], wo die Aneignung als imperiale Figur der Inbesitznahme nicht fehlen kann, bleibt sie doch dem Eigentum klar nachgeordnet. Und das obwohl die Aneignung dem Eigentum notwendig vorgängig ist, obwohl ihre Transgressionen im Horizont des Privateigentums ja immer auch die (Wieder)Herstellung von dessen naturalisierter Eigentumsgrenze selbst sind, und ihre Wiederholung deren pausenlose Grenzverschiebungen bis heute unablässig als entgrenzten Gründungsmythos wiederholt: Aneignung ist (Wieder) Herstellung von Eigentum in einer Übernahme ohne (Über)Gabe. Doch auch aus sozialistischer Perspektive stellt sich dieses Problem als besonders folgenreich heraus: Hier muss auf der einen Seite das Privateigentum denaturalisiert werden um seine Enteignung in den Kollektivbesitz zu rechtfertigen. Auf der anderen Seite blieb es für den sozialistischen Staat in zweifacher Hinsicht extrem problematisch diese Vorgängigkeit der Aneignung en gros abzulehnen: in der historischen Selbstverortung und in der politischen Identifikation seines politischen Subjekts.

– Als selbst genuin moderne Bewegung zielte der Sozialismus nicht darauf ab die moderne Aneignung, das was Karl Marx als "sogenannte ursprüngliche Akkumulation"[12] bezeichnete, in Frage zu stellen. Er organisierte vielmehr, gerade im Fall der DDR, eine gesellschaftliche Enteignung von deren Auswirkungen, eine Art Rückbau, der damit (auch ungewollt) im modernen Horizont blieb.

Doch schwerer wiegt die Vorgängigkeit des Eigentums für das sozialistische Projekt im Hinblick auf dessen politisches Subjekt:

– Dessen Selbsteigentum, der Privatbesitz des politischen Subjektes an sich selbst, wird in den Sozialismus als Grundfigur moderner Freiheit, als Besitz der politischen Subjekte an der Gesellschaft eingeschrieben.

Der moderne Sozialismus übernahm aus den kapitalisierenden Gegebenheiten so nicht nur eine Gesellschaft aus Privatbesitzer*innen die er rückzubauen ansetzte, sondern er übernahm ein Subjekt, dessen Freiheitsvorstellung auch in seiner sozialistischen Variante ein Eigentumstitel blieb. Und das (relativ) rückbaufrei. Diese Befreiung durch Besitz in Frage zu stellen, würde bedeuten auch dessen modernes Subjekt, den juristischen Eigentümer seiner Selbst, zu denaturalisieren. Es bedeutet das moderne Subjekt statt als Träger der Emanzipation als Träger eines Rechtstitels zu verstehen, als privilegierte Isolationsform menschlichen Lebens in einem nationalstaatlich organisierten „Juridismus",[13] einer bürgerlichen Verrechtlichung der Freiheit als Individualeigentum.

Wie schon Jacques Donzelot 1977 kritisierte, machte auch Marx selbst nie den Schritt seine materialistische Kritik des Lebens im kapitalistischen Eigentum in das Selbsteigentum des Subjektes, in dessen Begehren und Selbstbesitze hinein zu verlängern.[14] Lebendige Formen der Freiheit im Jenseits der Eigentumsformen zu suchen bedeutet letztlich etwas zu begehren, das

9 Joachim Ritter und Karlfried Gründer, Hrsg., *Historisches Wörterbuch der Philosophie*, Gesamtwerk Bd. 1–13 (Basel: Schwabe 1971–2007).

10 Wenn Immanuel Kant 1784 zur „Beantwortung der Frage: Was ist Aufklärung?" ansetzt, dann ist der Ausgang aus der „selbstverschuldeten Unmündigkeit" (Originaltext wiederabgedruckt u.a. in: UTOPIE kreativ 159 (Januär 2004), 5–10) die Aufgabe des „Bürgers", der zum „öffentlichen" Gebrauch seiner Vernunft aufgerufen wird. Die Menschheit ist für Kant unmündig, der Bürger das Subjekt der Freiheit. Ein sehr eng begrenzte Gruppe von Selbstbesitzenden Bewohnern der Öffentlichkeit hat mit ihrem Auftreten als Menschheit seither immer wieder zum brutalistischen Umkehrschluss Anlass gegeben, die Unfreien seinen die selbstverschuldet Unmündigen, da sie keine Bürger seien. vgl. hierzu u.a. David Lloyd, *Under Representation: The Racial Regime of Aesthetics* (New York: Fordham University Press, 2018.

11 Wolfgang F. Haug, Frigga Haug und Peter Jehle, Hrsg., *Historisch-kritisches Wörterbuch des Marxismus*, Gesamtwerk bisher B. 1–9, InkriT Berlin, seit 1994.

12 Karl Marx, *Das Kapital*, Bd. 1, MEW Bd. 23, Dietz Berlin, 1962, S. 741 ff.

13 Daniel Loick, Juridismus – Konturen einer kritischen Theorie des Rechts, Frankfurt am Main, 2017

14 Vgl. Jacques Donzelot, An AntiSociology, in: Semiotext(e), Vol. II, No.3, 1977, Anti-Oedipus, New York, S. 36

kein moderner Staat, kein modernes Subjekt, ob sozialistisch oder kapitalistisch, in sich dulden kann: die Abschaffung der nationalisierenden (Selbst)Unterscheidung zwischen den Staatsbürger*innen als rechtlich verbürgte Subjekte der Verfassung, und den Leben Anderer als diesem Rechtsraum Jenseitiges. Die russische Revolution 1917 hatte noch darauf gezielt, diese Unterscheidung hinfällig werden zu lassen – eine kommunistische Weltrevolution der (Selbst)Enteignung. Nach deren Scheitern wurde der Kommunismus als Sozialismus mehr und mehr national. Er wurde zur Eigentumsfrage. Der DDR Staatssozialismus musste sich von jeher damit begnügen, als das reaktionäre, das Eigentum konservierende Element der eigenen politischen Ambitionen zu existieren, als alltäglich gelebter Selbstwiderspruch: Er war der Versuch der ökonomischen Vergesellschaftung in den Formen des Privateigentums durch eine politische Vergemeinschaftung entgegenzuwirken, die getragen wurde von einem Staat dessen Eigentumsform selbst unhintergehbar blieb.

ENTEIGNUNG

Volkseigentum in der DDR sollte ausschließlich der Gesellschaft dienen und setzte sich zu allererst aus übernommenem öffentlichen Vermögen, Enteignungen im Zuge der Bodenreform, Enteignungen von Nazi- und Kriegsverbrechern und Enteignungen von Westeigentum zusammen.[15] Es ist auffallend, dass sich mit dem Begriff Enteignung Unschärfen ergeben, wenn der Eingriff des Staates gemeint ist. Im Gegensatz zur BRD gab es hierfür in der DDR keine vereinheitlichende Bezeichnung in Gesetzgebung und Rechtslehre. Derselbe Prozess hatte eine unterschiedliche Konnotationen. Als Äquivalent im DDR Recht können die „Inanspruchnahme", „Entzug des Eigentumsrechts aufgrund hoheitlicher Entscheidung" oder „Bereitstellung" gelten.[16] In der DDR Verfassung diente die „Enteignung" dem gemeinnützigen Zweck und sah eine angemessene Entschädigung für die Abgabe vor.[17]

Die unterschiedliche Konnotation von Eingriffen der DDR in das Eigentum, zeigte sich bei Enteignungen bzw. Aneignungen von den Grundstücken derer, die nicht Bürger*innen der DDR waren. Diese Grundstücke dienten durch ihre Aneignung der sozialistischen Gesellschaft, ohne nachvollziehbare Kompensation. (In der BRD gab es keine systematische Enteignung des Eigentums von DDR-Bürger*innen.) So eine Situation konnte sich beispielsweise durch ein Erbe einstellen. Für Westdeutsche, denen so Eigentum in der DDR zukam, gab es zwar erst einmal die Möglichkeit der zivilrechtlichen Verwaltung von Grundstücken durch Verwaltungsverträge und Vollmachten in der DDR.[18] Aber die Regierung arbeitete kontinuierlich an der Reduzierung des privaten Grundbesitzes und es kam bei den Eingriffen in das Eigentum von Westdeutschen oft zu Rechtsverletzungen.[19]

ENTFREMDUNGSVERSUCHE

Die Aneignung, gerade wo sie als Enteignung ihre Übergriffsform explizit werden lässt, unterläuft die Formen des Tausches und deren Figuren der (In)Äquivalenz. An ihre Stelle tritt die vergleichslose Stabilisierung einer Eigentumsform, eines Eigentümers, durch die Enteignung eines Anderen. Im Rahmen des nationalstaatlichen Privilegs im eigenen Herrschaftsgebiet die Eigentumstitel als moderne Verwaltungsform der Lebenszusammenhänge zu regulieren, waren solche Enteignungen nie der Ausnahmefall. Das Magazin Endnotes schrieb 2015 etwa über die Rolle von Enteignungen als kapitalisierende Modernisierungsmaßnahmen, die noch spät im 20. Jahrhundert allgegenwärtig waren und vor allem der gesellschaftlichen Einhegung und Industrialisierung der Bauernschaft galten, und „wenn (solche) Enteignungen durchgeführt wurden, geschah dies oft durch Vertreter der Arbeiterbewegung oder zumindest mit ihrer Unterstützung."[20] Die Enteignung steht dem Eigentum historisch nicht entgegen sondern tritt meist letztlich eher als Effekt des Eigentums auf, als Mittel seiner gesellschaftlichen Vereinheitlichung innerhalb des jeweiligen Staatsgebiets. Aneignungen ohne Enteignungen, Eigentum ohne Enteignung bleibt letztlich undenkbar.

Aber das Privateigentum sichert dem modernen Bürger nicht nur den eigenen Besitzstand in dessen staatlich verbriefter Kontinuität, es verspricht vor allem die Stabilisierung seiner Person, deren rechtlicher Integrität und Privatheit. Wo im Fall der kriegerischen Kolonialisierungen ebenso wie in dem der Proletarisierung der Bauernschaft die Modernisierung als Rechtfertigungsform brutaler Enteignungen diente, kann sich der bürgerliche Besitzer von Privateigentum demgegenüber zu Recht als genuin modern ansehen: Seine Enteignung ist Un-Recht. Wie von Cedric J. Robinson beschrieben, gewann der Bürger als Subjekt der europäischen Geschichte überhaupt nur durch diese ideologischen Nationalisierungen der Lebens- und

15 Vgl. Harder, Das verliehene Nutzungsrecht – Herausbildung und Entwicklung eines Rechtsinstituts des DDR-Bodenrechts, S. 29

16 Vgl. Escher: Die Vererbung von Eigenheimen auf ehemals volkseigenen Grundstücken, S. 228

17 Verfassung der Deutschen Demokratischen Republik vom 6. April 1968 (in der Fassung vom 7. Oktober 1974), Artikel 16: "Enteignungen sind nur für gemeinnützige Zwecke auf gesetzlicher Grundlage und gegen eine angemessene Entschädigung zulässig. Sie dürfen nur erfolgen, wenn auf andere Weise der angestrebte gemeinnützige Zweck nicht erreicht werden kann."

18 Vgl. Gülle: 10 Jahre – Bundesamt zur Regelung offener Vermögensfragen, S. 18

19 Vgl. Ebenda, S. 19

20 Endnotes 4, A History of Separation. The Construction of the Workers' Movement, see: https://endnotes.org.uk/issues/4/en/endnotes-preface

Arbeitsformen seine Stellung als politische Idealform der Repräsentation.[21] Das ist es was seine Enteignung zum Skandal moderner Freiheit macht, während es die Enteignung derjenigen unmodernen Leben, die den Bürgerstatus nicht als Rechtstitel erhalten, als Korrekturmaßnahme normalisiert. Im Gegensatz zu der in diesen Modernisierungs-Enteignungen vollzogenen Entindividualisierungen kolonialisierter und letztlich auch agrarischer Leben, ist die politische Identität des modernen Bürgers ursächlich von seinem Vermögen bestimmt seinem (Selbst)Eigentum Form zu verleihen.

Hiergegen versuchten die sozialistischen Staaten in Enteignungen, in Vergemeinschaftungen des Privateigentums, gesellschaftliche Prozesse aus der Privatisierung hinauszuzwingen. Wo die Enteignung seines Eigentums im bürgerlichen Horizont eine Verletzung der Persönlichkeit(srechte) ist, welche die Möglichkeit des Bürgers zur Selbstrepräsentation einschränkt, seine öffentliche Existenzweise beschneidet, und die Absicherung seiner Privatheit in Frage stellt – versucht(e) sich die sozialistische Vergemeinschaftungspraxis der Enteignung daran, Lebensformen in seinem Jenseits zu eröffnen, Veröffentlichungen von Privatheiten voranzutreiben. Im Guten, wie im Schlechten. Staatliche Enteignungen schreiten hier wie dort ein, wo Eigentumsdelikte vorliegen, wo der Umgang mit Eigentumsformen vom Paradigma seiner nationalisierten Rechtsnorm abweicht, ganz gleich ob diese Kollektiv- oder Privateigentum ist. Die eigene gesellschaftliche Rolle bestimmt sich hier wie dort über die national gerahmte (Un)Repräsentierbarkeit des (Selbst)Eigentums.

Die Bedrohung eines Formverlustes des Selbsteigentums beherrscht jedoch nicht nur die Repräsentierbarkeit des Lebens nach Außen, sie regiert auch das (bürgerliche) Innenleben: In Ulrike Ottingers Film „Bildnis einer Trinkerin" von 1979 verbindet der Alkohol das Leben zweier Frauen in Berlin, für welche die Bürgerlichkeit ihrer Gegenwart gleichermaßen todbringend ist: Die eine, „Sie", isoliert in ihrem Reichtum, ertrinkt an der Privatheit ihres Eigentums, die andere, „Lutze", die obdachlos ist, am öffentlichen Ausgeliefertsein ihrer Besitzlosigkeit. Das bürgerliche Leben gilt der Besitzstandsverwaltung, seine sozialistische Enteignung versucht die Unlebbarkeit von deren Konsequenzen zu mildern. Enteignungen stellen so nicht nur Eigentumsformen her, sie sichern auch Eigentum in Gefahr, greifen ein, wo Eigentum droht seine gesellschaftlich lesbare Form zu verlieren. Lutze und Sie bleiben bei Ottinger ungerettet: sie verschwenden sich an die Unlebbarkeit.

ENTFREMDUNG

Im Zuge der Wende wurden Grundstücke, die einst in Volkseigentum überführt wurden, Teil eines umfangreichen rechtlichen und politischen Prozesses. Dies betraf auch vormalige Eigentümer aus Westdeutschland. Mit dem Einigungsvertrag trat das Gesetz zur Regelung offener Vermögensfragen in Kraft, das seit dem 03.10.1990 als partielles Bundesrecht galt. Offiziell hieß es: „Erstmals war damit eine gesetzliche Grundlage geschaffen worden, im Beitrittsgebiet erfolgte Eingriffe in privates Vermögen in bestimmten Bereichen wieder gut zu machen."[22] Das Bundesamt zur Regelung offener Vermögensfragen zählte bis 2001 insgesamt 02.047.000 angemeldete Rückübertragungsansprüche.[23]

Dieser Prozess unterlag einem enormen Zeitdruck mit Fristen zur Anmeldung von Ansprüchen bei den Landratsämtern und Stadtverwaltungen kreisfreier Städte. Nach mehrfach aufgestellten Schlussfristen für vermögensrechtliche Ansprüche wurde der 31. Dezember 1992 als Ausschlussfrist festgelegt.[24] Der kurze Zeitrahmen folgte dem Bemühen, die beiden Staaten schnell und kompatibel zu vereinigen. Es gab keine Zeit ein Modell zu entwickeln, das die unterschiedlichen Voraussetzungen bedachte. Die BRD wurde zum Maß der Dinge, was sich auch in Fragen des Eigentumsrechts zeigte. Diese Art der „Eingliederung" des Ostens in das westliche System bedeutete die Übernahme der Privatisierungspolitik, die seit Mitte der 1980er in der BRD verfolgt wurde.[25] Um die wirtschaftlich desolaten neuen Bundesländer zu fördern und den „Wiederaufbau" voran zu bringen, wurde der Erwerb von und Handel mit Grundstücken gefördert.[26]

FORMALISMUS

Das rechtskräftige Ende sozialistischer Staaten zog unweigerlich die Verbürgerlichung der von ihnen vergemeinschafteten Formen nach sich. Dieser Prozess heisst nur deshalb nicht Enteignung, weil das in diesem Fall enteignete Subjekt, die DDR als sozialer Körper, sich bereits in Auflösung befand, weil er keine Rechtsform mehr hatte, die ihn gegenüber der BRD als Enteignerin legitimierte. Seine (Selbst)repräsentation wurde delegitimiert, die Verbürgerlichung seines sozialistischen Eigentums in den kapitalistischen Privatismus stellte sich als alternativlos dar. Sehr zur Trauer derer, die ihn als (weiteren) Anfang von Etwas verstanden hatten, nicht als dessen Ende. Als Anfang einer vergemeinschaftenden Form, als Anfang vom Ende des Eigentums. Der nationalstaatliche Formalismus der

21 Cedric J. Robinson, Black Marxism: The Making of the Black Radical Tradition, Durham, 2000, S. 19 f., 37
22 Axel Hermann (Hrsg.): Offene Vermögensfragen – Versuch einer Bilanz, 2001, S. 7
23 Vgl. Ebenda, S. 107
24 Vgl. Gülle: 10 Jahre – Bundesamt zur Regelung offener Vermögensfragen, S. 46 f.
25 Vgl. Deutschland. Bundesministerium der Finanzen: Privatisierung in Deutschland, S. 26
26 Vgl. Hermann: Offene Vermögensfragen – Versuch einer Bilanz, 2001, S. 8

modernen Eigentumsformen allerdings zwingt das Leben in ihrer Mitte in die politischen Maßstäbe seiner Repräsentierbarkeit. Und so wurden diejenigen Leben die ihre Form als sozialistische angenommen hatten, mit der Auflösung der DDR in die BRD zunehmend formlos, ihre Repräsentierbarkeit wurde durch kapitalisierende Aneignungen reformuliert, veränderte ihre Form. Im Rückblick wurde der unvollständige Staatssozialismus letztlich doch ein gescheiterter Kapitalismus, repräsentierbar nurmehr innerhalb derjenigen Parameter denen seine Betriebe, seine Produkte, seine Lebensformen entgegen ihrer Intention nun doch zugerechnet wurden. Die DDR Geschichte verlor sich in Bildern gescheiterter Eigentumsformen. Wie aber kann ein Bild einer Vergangenheit hergestellt werden, dass diese in ihrer Unvereinbarkeit mit der Gegenwart, in ihrer Unrepräsentierbarkeit als Gegenwart inszeniert? Wie kann im Bild verhindert werden, dass sie zur Ikone eines jetzt formlosen Verlustes absinkt?

Julian Irlingers künstlerische Praxis schleift immer wieder an solchen gesellschaftlichen Orten und historischen Momenten entlang, an denen die Repräsentationsformen der modernen Werte misslingen ohne doch aufzuhören zu existieren. Eine Bildpraxis der Rahmenlosigkeit, eine Art Second Hand-Formalismus moderner Maßstäbe, aufgenommen in Momenten ihres historischen Selbstwiderspruchs:

SZENARIO 1: *PROPS*

Die New Yorker Frick Collection, in deren großbürgerlicher architektonischer Gesamteinbettung die Kunstwerke jedweder hier repräsentierten Zeit als Vor-Moderne als Legitimationszusammenhang der eigenen Gegenwart historischer Modernität eingehegt sind, erscheint in Irlingers Lentikulardrucken von Detailansichten als Panorama aus Überlagerungen von Einzelelemente deren Isolation voneinander sich letztlich aus der Gegenwart betrachtet als überflüssig erweist. Eine Moderne die sich nicht erst im digitalen Blick des Googlebesuchs in ein Stimmungsbild auflöst und verdichtet. Werk und Vitrine, Innenhof und Inneneinrichtung, Architektur und Ausstellung werden von Irlinger ineinander versetzt ohne defaitistisch dekorativer Stilgeschichte übergeben zu werden. Eher schon wird die Frick Collection mit ihrer forcierten Konsistenz einer aus der Renaissance geborenen Modernität über ihre Ikonen hinaus zugespitzt. Sie werden zu Props. Der Bildraum dessen was die Frick Collection bis heute kulturell lesbar macht wird bei Irlinger in seiner Erweiterung in alle Umgebungselemente verdeutlicht, er wird ausbuchstabiert als permanente Serie aus Selbstüberlagerungen. Eine Erweiterung die sich letztlich durch ihre digital gerenderten optischen Wiederholungen und deren zwischen den unterschiedlichen Formaten leicht verschobenen Maßstäben[27] nicht verliert, sondern vervollständigt. Das was in der Sammlung als Aneignung unterschiedlichster historischer Zusammenhänge als ihre Vorgeschichte vereinheitlicht wurde, vereinheitlicht nun, im Panoramablick zurück auf all das was zu ihrer Repräsentation erklärt wurde, sie selbst. Die moderne Geschichtsschreibung führte von jeher alles auf sich zurück[28], wurde in sich differenzlos, und endet doch selbst dort nicht, wo das Ergebnis ein allseitig verfügbares visuelles Hintergrundrauschen geworden ist. Das Bild einer Form die aus der Zeit fiel, weil sie sich über alle anderen Zeiten ausbreitete: in Irlingers perspektivischen Verzerrungen ist es die hieraus resultierende Unschärfe unserer kulturhistorischen Inneneinrichtung selbst die gerahmt wird. Das Bild selbst wird von der Ikone zum Prop ohne dabei seine Bedeutung zu verlieren.

Irlinger verschleift hier das Urbild der modernen Herrschaft der Repräsentation, die ästhetische Identifikation kulturellen (Selbst)Eigentums, in Ansichten derjenigen unterschiedslosen Serialität die sie durch ihren Anspruch auf Verallgemeinerung notwendig auf sich zieht. Wie David Lloyd es in seinem 2018 erschienenen Essayband ausführt, ist das moderne Leben eines „Under Representation“, eine gesellschaftliche Struktur innerhalb derer die politische Autorisierung und gesellschaftliche Anerkennung des individuellen Lebens ganz ursächlich von seiner Repräsentierbarkeit im Rahmen moderner Eigentumsordnungen abhängt.[29] Im Gegensatz zu Lloyd setzt Irlinger nicht an den Ausschlüssen dieser Repräsentierbarkeit an. Er versucht nicht mit den Mitteln der Ästhetik deren systemischen Bannkreis bildlich werden zu lassen. Vielmehr verfolgt er die Einschlüsse selbst bis an ihr Ende, dorthin, wo sie im Fall der *Props* in ihrem eigenen Universalisierungsanspruch zu verschwimmen beginnen. Eine Aneignung die sich bis in die eigene Formlosigkeit verallgemeinerte, bis in eine unmerklich verschwimmende Spiegelung.

SZENARIO 2: *FRAGMENTS OF A CRISIS*

Ein ungewöhnlich narrativer Titel hält Irlingers historischste Arbeit zusammen: die *Fragments of a Crisis* bebildern vergangene Kurzgeschichten instabilen Werts, es sind Reproduktionen von Sammlerstücken, ein Panorama aus Tauschformen die ihren Wert wechselten, aus regionalistischem Notgeld wurde allzu schnell folkloristische Kunst. Während die früheren

27 Die materielle Basis von Irlingers Lentikulardrucken ist die Differenz der Perspektive zwischen derjenigen Sichtachse innerhalb derer Google die Frick Collection abbildet, und derjenigen die die Sammlung selbst online stellte. Vgl. Julian Irlinger, Props, Spector Books, Leipzig 2019.

28 Walter Grasskamp, Ist die Moderne eine Epoche? Kunst als Modell, Beck, München, 2002.

29 David Lloyd, Under Representation: The Racial Regime of Aesthetics, New York 2019.

Props und der neue Werkkomplex *Gift* jeweils Entgrenzungsmomente narrativer Formen ins Bild setzen, rahmt *Fragments of a Crisis* narrative Wucherungen, vergängliche Imitationen der zentralen Tauschform des modernen Universalismus: Geld. Wo dessen bildliche Existenz sonst Epiphänomen seines allgemeingültigen Abstraktionsvermögens ist, wird sie im Notgeld sprechend, erklärend, instruktiv. Notgeld ist Geld das sich erklären muss, das empirisch wird. Geld dessen Wert ein absehbares Ende hat. Alfred Sohn-Rethel beschrieb Ende der 1960er den Tausch innerhalb kapitalistischer Wertvergesellschaftung als "nicht-empirische Handlung"[30], als Akt innerhalb dessen das Bewusstsein der Tauschenden keine Rolle spielt. Die Formkrise entlang derer Irlinger mit dem Notgeld den Wertverlust dieser Verallgemeinerung bebildert markiert nicht visuell den geschichtlichen Moment einer Dedifferenzierung – wie im Fall der Verallgemeinerung des modernen Blicks bis in die Unterschiedslosigkeit der *Props*, oder im Fall der Entgrenzung sozialistischen Kollektiveigentums in die verallgemeinerte Asozialität des Privateigentums in *Gift*. Das Notgeld charakterisiert ganz im Gegenteil das temporäre und regionale Versagen der Tauschform als radikaler Dedifferenzierung allen modernen Lebens, es macht den Tausch zu einer 'empirischen Handlung', macht ihn narrativ, es macht ihn übervoll von Differenzen.

„Das Geld" so schrieb Karl Marx in "Das Elend der Philosophie", "ist nicht eine Sache, sondern ein gesellschaftliches Verhältnis."[31] Im Notgeld tritt diese Gesellschaft einen Schritt zurück. In ihm wird das Scheitern des gesellschaftlichen Verhältnisses bildlich, es zerfällt in regional und zeitlich begrenzte Konkretionen. Dieses Notgeld wird von Irlinger zu einer Art Historienausstellung reaktionärer Verlebendigungen zusammengesetzt: gerahmt als Ikone einer vergangenen Geschichte, verklebt als Baumaterial für Kinderdrachen, bebildert es keine Alternative zum verallgemeinerten Tausch, sondern dessen inhärent reaktionäres Bewusstsein. Die Abwesenheit des Bewusstseins im Tausch über die Sohn-Rethel schrieb ist keine Leerstelle, sondern eine praktische Negation von Bewusstsein, dessen reaktionäre Latenz im Notgeld manifest wird. Denn auf dem Papiergeld der Krise wird nicht moderne Historie dargestellt, nicht ein Ablauf der sich rückblickend als Fortschritt (re)interpretieren lässt. Das Notgeld lässt an die Stelle der Wertabstraktion, Werte treten, regionalistische Werte, konservative Werte, im wörtlichen Sinne reaktionäre Werte, die innerhalb der kapitalistisch in die Modernisierungen gezwungenen Lebensformen weiter subsistieren, und deren latente Allgegenwärtigkeit im modernen Leben auf dem Notgeld an die Oberfläche tritt. Auf den von regionalen Künstler*innen gestalteten Übergangswerten finden sich bildliche Wiederholungen von Sinnsprüchen, ebenso wie lokalpolitische Einsätze, bildgewordene Vorurteile, Traditionsformen und nostalgische Stilisierungen von Landschaften und Handwerken: sie zeigen eine nicht nur amoderne sondern auch eine antimoderne Welt. Das was Ernst Bloch in seinem frühen Buch über den deutschen Faschismus als „Ungleichzeitigkeit"[32] charakterisiert hat: das der kapitalisierende Fortschritt der das frühe 20. Jahrhundert bestimmte, mit den feudalistischen Gewalten die oftmals den Alltag der Landbevölkerungen weiterhin diktierte, im subjektiven Erfahrungshorizont nicht überein ging. Das Notgeld ist in demselben Maße reaktionär, wie es das Leben der Menschen blieb die es verwendeten. Es bebildert ein naturalistisches Panorama der von der Kapitalisierung nicht überwundenen sondern nur unterdrückten Gewalten.

Die Verkunstung dieser ganz genuin reaktionären Kulturformen, der Rahmen den Irlinger durch die Repräsentation des Notgeldes als Gegenwartskunst setzt, demonstriert die infrastrukturelle Blindheit einer anderen Universalisierungsform moderner kapitalistischer Vergemeinschaftungen: der Kunst. Das Zusammenspiel aus dem Bildcharakter der von Irlinger bearbeiteten Objekte und ihrer Rarität, der Tatsache das der Gebrauchswert dieser Papiere vergangen ist, allein macht sie zur Kunst. Sowie das Geld als allgemeine Tauschform blind ist gegen das Getauschte, so wie es "nicht empirisch ist", so ist die Kunst blind gegen das in ihr Repräsentierte, sie ist ebenfalls "nicht empirisch". In *Fragments of a Crisis* lässt Irlinger die Kunst empirisch werden: indem er künstlerisch eine Form herstellt deren Inhalt unannehmbar bleibt, indem er diesen Inhalt freistellt, indem er dessen Verkunstung abstrakt bleiben lässt statt ihm (etwa durch Kritik) einen konkreten Wertmaßstab hinzuzufügen. Dies ist eine Operation, die sich auf unterschiedliche Weise in den *Props* und *Gift* ebenfalls herstellt: Irlinger insznienrt immer wieder künstlerische Akte, die die infrastrukturelle Existenz der Kunst in Zweifel ziehen.

Claudia Aradau, stellt in ihrer Arbeit über "kritische Infrastrukturen", gesellschaftlich lebensnotwendige Logistiken fest, dass, ganz allgemein, „Gesellschaften durch Infrastruktur ‚geerdet' sind; ihr Funktionieren, ihre Kontinuität und ihr Überleben werden durch den Schutz der Infrastruktur ermöglicht."[33] Bei der Kunst handelt es sich ganz offensichtlich nicht um eine "kritische Infrastruktur". Aber ihre Rolle innerhalb der Selbstrepräsentation ökonomischer und politischer Mächte ist nichtsdestotrotz infrastrukturell in eben dem

30 Alfred Sohn-Rethel, Der Formcharakter der Zweiten Natur, in: Chris Bezzel, Peter Brückner, Gisela Dischner, Peter Gorsen, Alfred Krvoza, Gabriele Ricke, Alfred Sohn-Rethel u.a., Das Unvermögen der Realität. Beiträge zu einer anderen materialistischen Ästhetik, Berlin, 1974, S.187

31 Karl Marx, „Das Elend der Philosophie", in: MEW 4, Dietz Verlag Berlin 1977, S. 107

32 Vgl. Ernst Bloch, Erbschaft dieser Zeit, Frankfurt am Main, 1935.

33 Claudia Aarau, Security That Matters: Critical Infrastructure and Objects of Protection, in: Security Dialogue vol. 41, no. 5, October 2010, S. 500 f.

Sinne in dem Aradau den Begriff bestimmt. Irlinger konstruiert in seinen Arbeiten infrastrukturelle Verunsicherungen der Kunst: in *Fragments of a Crisis* indem er sie empirisch werden lässt anhand der reaktionären Bildinhalte des Notgelds, einer regionalistischen Infrastruktur, in *Props* durch die Präzisierung der infrastrukturellen Systematik moderner Bildwerdung als Unschärferelation und in *Gift* durch die Verwendung der eigenen Familiengeschichte als Marker eines infrastrukturellen Machtwechsels. In allen drei Fällen ist die infrastrukturelle Rolle der Kunst zentral: ihr Vermögen für jedweden Inhalt ästhetische Repräsentationsform im Jenseits der Empirie bereitzustellen nutzt Irlinger um in ihr Szenarien infrastruktureller (Zusammen)Brüche auszulegen.

BILDER ALS INFRASTRUKTUR

Die hier abgedruckten Fotografien (Siehe S. 15–48) sind vermutlich kurz nach der Rückübertragung des Grundstücks Böttcherstraße 3d in Schönebeck an der Elbe an meine Großmutter entstanden. Ich habe sie im Sommer 2019 in einem Umzugskarton gefunden. Die Bilder wurden in keinem Familienalbum aufbewahrt, sondern in einer Akte mit den Dokumenten des Grundstücks (Siehe I–XG). Zu sehen sind die Fassade, Rückseite und das Innere des Wohnhauses. Die Architektur wurde so festgehalten, dass schräge Ansichten, Unschärfen und Biltzreflektionen dominieren. Die Produzent*in ist unbekannt und der Anlass der Entstehung der Bilder ist mit bloßem Auge wohl kaum zu erkennen. Bewohner*innen des Hauses würden eine andere Beziehung zu den Fotografien haben, als Großgrundbesitzer*innen, die ein Grundstück zur Spekulation erwerben möchten. Man könnte versuchen mit den Bildern die Geschichte des Verfalls von DDR Wohnhäusern zu illustrieren. Die Motivation lag eher darin aus einem Haus attraktive Ware zu machen. Die Eigentumsbestimmungen der BRD, die für die neuen Bundesländer geltend gemacht wurden, machten das Grundstück wieder ertragreich. Während es zu DDR Zeiten vor der Enteignung wahrscheinlich nicht mehr als 10.000 (DDR) Mark eingebracht hätte, wurde es 1992 für 335.000 DM verkauft.[34] In diesem Zusammenhang ist klar, die Bilder wurden beauftragt, um den Wert des Gebäudes für den Verkauf zu schätzen. Fixiert wurde ein Durchwirken verschiedener Ökonomien: Eigentum, Ware, Wertschätzung, Schaden, Familie, Nachwende, Geschichte... Die Fotografien bilden eine Infrastruktur für Ökonomie und Politik.

SZENARIO 3: *GIFT*

Eigentum bestimmt den Bildgrund. Bei den *Props* ist es eine Kulturgeschichte deren Repräsentierbarkeit nur dadurch abgesichert werden kann, dass sie fortgesetzt ihre grenzenlose Möglichkeit zur Aneignung unter Beweis stellt, in *Fragments of a Crisis* wird die Kunst selbst dem reaktionären Grund des von ihr Angeeigneten ausgeliefert: es ist die Modernisierbarkeit jedes Bildraumes, die den modernen Blick unscharf werden lässt. Irlinger stellt ihn als Selbstwiderspruch scharf. Im Fall von *Gift* jedoch hat Irlinger das Bild in seinem Blickfeld nicht erweitert. Er scheint vielmehr dessen Visualität selbst ganz praktisch in Zweifel zu ziehen: *Gift* ist ein visuelles Konvolut dessen Bildeigenschaften inkonsistent bleiben, Irlingers Arbeit wird kein Werk. Das den Bildern, den Fotografien und Dokumenten, die Irlinger hier aufreiht, letztlich eine konsistente Autorschaft fehlt anonymisiert sie nicht. Es lässt sie nicht abstrakt werden, sie sind kein archivarischer Beweis, sondern bleiben konkrete Sammlung von Hinweisen. Auf den Dokumenten findet sich Persönliches, doch es ist der Name seiner Großmutter, nicht seine eigene Künstlersignatur. Und auch sie tritt hier letztlich nicht als Autorin auf, sondern als Person des Rechts, eine einem Besitzstand zugeordnete Rechtsform. *Gift* ist die visuell dokumentierte Vergangenheitsform ihres Besitzstandes. Die Elemente von Irlingers *Gift* sind versammelt um ein Objekt im Zustand wechselnder Zueignung: *Gift* versammelt den vergangenen Moment eines Formwechsels der letztlich bildlos bleibt, und dessen Beteiligte nicht seine Autor*innen waren. Die Briefe, die juristischen Papiere, die Fotografien, sie bleiben inkonsistent, weil Irlinger nicht deren Autor wird, sondern nur ihr vorübergehender Besitzer ist: seine Zusammenstellungen sind künstlerisches Arbeiten an einem vererbten Moment vorübergehender Formlosigkeit. Dessen Gegenstand, das Haus in Schönebeck, kann nur inkonsistent repräsentiert bleiben, denn seine gegenwärtige Form ähnelt der damaligen nicht mehr. Selbst für den Fall das es heute kaum verändert aussieht, das es nicht renoviert wurde, nicht kapitalisiert wurde, nicht als Privateigentum umsorgt wird. *Gift* befragt die Repräsentierbarkeit eines Objekts auf dessen dokumentierte Form der Künstler nur für den kurzen Moment seines Wiederauftauchens im Familienbesitz Zugriff hat. Hier visuell nostalgisch zu werden würde die Fotografien von den Dokumenten trennen, auch von denen der Übergabe an das Wende Museum. Irlinger verhindert jedoch jegliche romantische Verklärung vergangenen Eigentums strikt, indem er die Sammlung aus Fotografien der Innen- und Außenräume gerahmt durch die Dokumente der Eigentumsübertragung nur als Props einer Kapitalisierung von Grund und Boden im Gebiet der ehemaligen DDR lesbar macht.

Wir blicken auf Fotografien gemacht in eben demjenigen Moment, in dem der sozialistische Gesellschaftsauftrag erloschen war, und die Kapitalisierung (noch) keinen neuen Sinn vermittelte, nur ein neues Recht. Dieses Recht, und die Anwesenheit der eigenen Familie

34 Siehe X D (in dieser Publikation)

in ihm, bebildert Irlinger. Es sind Dokumente eines familiären Eigentums in der Vergangenheitsform, von einem Moment in dem die eigene Familie sich nur mehr den Sinnverlust desjenigen Ortes ausbezahlen ließ, der durch das DDR Recht von ihnen getrennt worden war. *Gift* ist in diesem Sinne keine politische Arbeit. Sie markiert eher den politischen Raum als Leerstelle, verortet historisch die eigene Familiengeschichte innerhalb eines gesellschaftlichen Zusammenhangs, der nurmehr als Rechtszusammenhang, als Zusammenhang aus Enteignungen und Aneignungen, in Erscheinung tritt. Wir sehen die Enteignung der DDR in Privateigentümer*innen der BRD: Irlinger legt das Bild eines unrepräsentierbaren Übergangs aus, ein anderes Panorama, eines in dem sich die Dokumente nicht mehr ihrer Oberfläche nach unterscheiden, sondern nurmehr ihrer Wirkung nach. Unlesbare Bilder dadurch, dass das Eigentum das den Bildgrund bestimmt dokumentiert wurde dort wo es fraglich ist. Irlinger birgt aus dem Nachlass seiner Großmutter keine Familiengeschichte, sondern zeigt sie als Vollstreckerin einer veränderten Rechtsform, als Vollstreckerin einer Aneignung. Eine Antragstellerin auf einen Rechtstitel die das Hinübertreten eines sozialisierten in einen rekapitalisierten Besitz begleitet. Das Ergebnis ist, das Irlingers eigene Autorschaft in *Gift* administrativ wird, er eröffnet eine Formlosigkeit im Bild, die zwischen Artefakt und Kunstwerk ganz bewusst auf halber Strecke hängen bleibt. Eine Aneignung ohne Aussicht auf Besitz.

GRENZEN DES ARCHIVS (THE WENDE MUSEUM OF THE COLD WAR)

Das Wende Museum of the Cold War wurde 2002 in Los Angeles mit der Intention gegründet, „die internationale Erforschung der Geschichte des Kalten Kriegs zu fördern.“[35] Verfolgt wird ein umfangreiches Erfassen der materiellen Kultur ehemals gegnerischer Staaten zur Zeit des kalten Krieges. Die Institution besitzt dadurch die weltweit umfangreichste Sammlung an Alltagsgegenständen aus der DDR.[36] Das Museum wird von privaten Geldern getragen, zum Teil aus Deutschland.[37] Der Eintritt ist frei, es werden Bildungsprogramme angeboten und es gibt Kooperationen mit internationalen bildenden Künstler*innen.

Mit einem Blick von Europa auf den Museumsbestand kommt einem der Ort nahezu exotisch vor. Das Wende Museum verdeckt nicht die Kluft zwischen den importierten DDR Alltagsgegenständen und der Stadt Los Angeles. Auffallend ist der Standort auch nicht zuletzt durch die Beteiligung der USA am kalten Krieg. In den Ausstellungen wird jedoch kein US Siegermythos beschworen und die Zusammenarbeit mit europäischen Institutionen ist fester Bestand der Projekte.[38] Aber was ist das für eine Dynamik, wenn Hinterlassenschaften des einstigen Gegners tausende Kilometer entfernt ausgestellt werden? Sharon MacDonald beschreibt wie das moderne Museum eine bedeutende Rolle im Kontext nationaler Identitätsstiftung spielte: „Der Besitz von Artefakten aus anderen Kulturen war […] wichtig, weil solche Kulturerzeugnisse für kolonialistische Nationen zugleich die Fähigkeit bezeugten, jenseits nationaler Grenzen zu sammeln und Kontrolle auszuüben. So gesehen zeugten sie von der Befähigung zu Erkenntnis und Herrschaft und gleichzeitig waren sie für die Museumsbesucher ein Beweis dafür, dass ihre Nation oder Stadt auf der Bühne der Welt eine Rolle spielte.“[39] Dementsprechend gelangten sämtliche Alltagsgegenstände und Kultobjekte aus dem Besitz der Unterdrückten in die Museen der Kolonialmächte. Der Besitz des Wende Museums ist jedoch kein Raubgut, sondern kommt Zustande durch Schenkungen und Ankäufe aus Europa. Ein weiterer Unterschied zur Aneignungslogik der Kolonialmächte ist, dass das Museum vieles bewahrt, was unmittelbar verschrottet worden wäre. Paraphrasiert man die Worte des Direktors Justinian Jampol, macht das Wende Museum aus Müll historische Artefakte.[40] Der Aufnahmefilter für den Bestand der Institution folgt demnach keinem akademischen Kanon. Mit dem Wort Ansammlung beschreibt Aleida Assman die Logik des Archivs in Abgrenzung zur Sammlung, die gesteuert entsteht.[41] Das Wende Museum ist eher ein umfangreiches Archiv, das in Ausstellungen durch selbst gewählte Kriterien eine Sammlung aufführt. Trotz einem sehr breit angelegten Sammelinteresse entstehen Blinde Flecken in der Struktur des Museums zwangsläufig, wenn Artefakte

35 Justinian Jampol: Danksagung und eine kurze Geschichte des Wendemuseums, in: Justinian Jampol (Hrsg.): Beyond the Wall / Jenseits der Mauer: Art and Artifacts from the GDR / Kunst und Alltagsgegenstände aus der DDR, Köln, 2014, S. 898

36 Vgl. Susanne Lenz: Wende-Museum bei Los Angeles: Die größte Sammlung von DDR-Gegenständen gibt es in Kalifornien, https://www.berliner-zeitung.de/kultur-vergnuegen/wende-museum-bei-los-angeles-die-groesste-sammlung-von-ddr-gegenstaenden-gibt-es-in-kalifornien-li.32074 (Aufgerufen am: 10.01.2020)

37 Benedikt Taschen spendete eine halbe Million Dollar für den Umbau des Museums in Culver City. Fünf Millionen Dollar kamen von dem in London ansässige Arcadia Fund, der die Institution seit mehreren Jahren unterstützt Siehe: Vgl. //www.wendemuseum.org/news/publisher-benedikt-taschen-takes-leading-role-wende-museums-renovationhistoric-armory-building. Der Getty Trust unterstützt das Museum bei den Konservierungsmaßnahmen und finanzierte ein Praktikant*innenprogramm Vgl. Jampol: Beyond the Wall / Jenseits der Mauer, 2014.

38 Das Wende Museums arbeitete u.a. mit dem Leipniz-Zentrum für Zeithistorische Forschung in Potsdam, den Staatlichen Kunstsammlungen Dresden, dem Dokumentationszentrum Alltagskultur der DDR in Eisenhüttenstadt, dem Berlin Wall Memorial oder dem Kunstarchiv Beeskow.

39 Sharon MacDonald: Nationale, postnationale, transkulturelle Identitäten und das Museum, in: Romaine Beier (Hrsg.), Geschichtskultur in der Zweiten Moderne, Frankfurt am Main 2000, S. 127

40 Vgl. Jampol, Beyond the Wall / Jenseits der Mauer, S. 19

41 Vgl. Aleida Assman (2004): Archive im Wandel der Mediengeschichte, in: Knut Ebeling; Stephan Günzel (Hrsg.): Archivologie: Theorien des Archivs in Philosophie, Medien und Künsten, Berlin, 2009, S. 165–175, (Kaleidogramme 30), S. 173

für den Bestand kategorisch ausgeschlossen werden. Dies ist der Fall, wenn das Wende Museum gewährleistet sieht, dass ein Gegenstand erhalten bleibt und nicht in Vergessenheit geraten wird. Diese Entscheidung folgt jedoch keinen überprüfbaren Kriterien. Diese institutionell festgelegte Grenze des Archivs ist ein Schauplatz des Kampfes über die Repräsentation des Vergangenen in der Gegenwart und der Zukunft. Das Archiv des Museums bewahrt bisher kein Zeugnis der Aneignung von Westeigentum in der DDR und dessen Rückübertragung im Zuge der Vereinigung. Das Material aus dem Zusammenhang des Grundstücks Böttcherstraße 3d in Schönebeck wird ausschließlich in das Wende Museum aufgenommen, weil die Schenkung als Kunstwerk konzipiert ist. Die Schenkung ist ein permanenter Eingriff in die institutionell festgelegte Grenze des Archivs des Wende Museums.

GIFT[42]

Der museale Apparat trug schon immer zur Konstruktion der Identität der „eigenen“ Nation bei, wie MacDonald darstellt. Heute ist das Konzept der Nation global vertreten und vom politischen Bewusstsein nicht zu trennen.[43] Die Frage der nationalen Identität stellte sich somit auch für die Vereinigung von BRD und DDR. Daniel Kubiak beschreibt, dass ein mögliches Modell nationaler Identität zur Nachwendezeit abgelehnt wurde, das eine Entmystifizierung des etablierten deutschen Narratives ermöglicht hätte. Die Diversität, die Vielfalt und die Heterogenität der Gesellschaft hätte im Mittelpunkt stehen können durch die Methode der Integration. Ein Modell also, das Menschen mit Migrationsgeschichte und/oder Rassismuserfahrungen ebenso hätte berücksichtigen können. Nach der Wende wurde hingegen (erneut) eine gesamtdeutsche Identität mit der Methode der Assimilation konstruiert. Das bedeutete die Angleichung einer (ostdeutschen) Gruppe an die sozialen Verhaltensweisen und Normen der (westdeutschen) Mehrheit, was zu einer Aufgabe der vormaligen Kultur und Identität der DDR Bürger*innen führte.[44] Diese Demonstration der Überlegenheit des Westens naturalisierte die westdeutsche Vergangenheit, indem der Westen das kapitalistisch geprägte Wertesystem bereitstellte. Symbolisch wurde die Deutsche Mark in den neuen Bundesländern übernommen und der Palast der Republik eingerissen. Die Logik funktionierte auch auf legaler Ebene, wo das „Gesetz zur Klärung für offene Vermögensfragen“ das sozialistische Eigentumsrecht überschrieb. Die Materialien der Schenkung an das Wende Museum aus dem Zusammenhang des Grundstücks Böttcherstraße 3d sind Zeugnis der konfliktreichen Vereinheitlichung im Sinne des Nationalstaates. Assman schreibt über die Vereinheitlichung unterschiedlicher Erinnerungen: „Ihre Homogenisierung gewinnen sie erst auf der Ebene der Repräsentationen, die zu Harmonisierung und Vereinnahmung tendieren.“[45] Die homogenisierende Assimilation von Ost mit West bedeutete die abwertende Repräsentation der DDR gegenüber der Harmonisierung westlicher Werte. Sichtbar etwa im medial ausgeschlachteten Phänomen der Ostalgie, einer nostalgischen Verklärung der DDR, die als Verharmlosung der Stasi Vergangenheit wahrgenommen wird. Eine aktuelle Fallstudie zeigt aber, dass Ostdeutsche die Nachkriegszeit bemerkenswert ähnlich verklärend erinnern wie Westdeutsche. Menschen, die während des kalten Krieges aufwuchsen, sind in der (ehemaligen) DDR nicht nostalgischer als in der BRD.[46]

Welche Möglichkeiten es noch geben wird den kalten Krieg zu erinnern, manifestiert sich auch in den institutionell festgelegten Grenzen der Archive. Hier gelten nicht die Grenzen der Nationalstaaten. Durch die Schenkung an das Wende Museum verlässt das Material aus dem Zusammenhang des Grundstücks Böttcherstraße 3d die national festgelegten Grenzen, um die vereinheitlichende Autorität von nationaler Identität und Geschichtsschreibung zu strapazieren.

42 Bis ins 19. Jahrhundert bezeichnete das Wort Gift im deutschen eine Gabe oder ein Geschenk, was sich in der Bedeutung von Braut- und Mitgift erhalten hat. Eine Verschiebung, die das Nebeneinander von deutscher und englischer Sprache markiert. Das Wortpaar unterscheidet im deutschen Gift (engl. Poison) zum englischen Gift (dt. Gabe oder Geschenk). Beide stehen für die Veränderung eines Zustandes durch Fremdeinwirkung, mit verschiedener Konnotation. Das Gift verdirbt, während die Gabe gemeinhin als eine demonstrative Geste der Großzügigkeit gilt. Eine selbstlose Konzeption der Gabe wird in unterschiedlichen Disziplinen angezweifelt, um sie als soziale Verpflichtung zu verstehen. Potentiell unterliegt jeder Gabe ein Kalkül, das auf eine Gegenleistung wartet. Die Gegenseitigkeit birgt dabei potentielles Risiko, da unklar bleibt ob oder wie sie erwidert wird.

43 Vgl. Benedict Anderson: Imagined Communities, London, 2006, S. 135

44 Vgl. Daniel Kubiak: Socialization, Downgrading and Othering: The Formation of Identity of Young ‘East Germans’, in: Stephan Ehrig, Marcel Thomas, David Zell (Hrsg.): New Interdisciplinary Approaches to East German History, Memory and Culture, S. 155–174 (Studies in Modern German and Austrian Literature 6), S. 196

45 Aleida Assmann: Der lange Schatten der Vergangenheit – Erinnerungskultur und Geschichtspolitik, München, 2018, S. 202

46 Marcel Thomas, David Zell (Hrsg.): New Interdisciplinary Approaches to East German History, Memory and Culture, S. 155–174 (Studies in Modern German and Austrian Literature 6), S. 196

GIFT

Kerstin Stakemeier
Julian Irlinger

The donation to the Wende Museum of the Cold War comprises 23 photographs and 10 documents related to registration in the land registry, inheritance, transfer into the public property of the GDR, retransfer of property in the course of German unification, and the sale of Böttcherstraße 3d in Schönebeck. The materials come from the estate of Gundula Engelhardt, Julian Irlinger's grandmother. The documents are listed under the number 2020.020 in the archive of the Wende Museum.

PROPERTY

"One of the greatest challenges in the history of the Federal Republic of Germany was posed by the unification of Germany and the associated task of transforming the socialist planned economy into a social market economy."[1]

The GDR (German Democratic Republic, East Germany) developed a split ownership structure that differed from the notion of ownership of the Federal Republic of Germany defined in the German Civil Code. Socialist property was composed of public property, property of socialist cooperatives, and property of social organizations. Individual property consisted of personal property and private property.[2]

The constitution prioritized forms of socialist property.[3] Of these, public property was considered the highest form of property, and the state was its bearer.[4] Individual property was not allowed to contradict societal interests. Personal property rights were tied to specific purposes: it was supposed to satisfy the material and cultural needs of owners and their families.[5] Private property mainly existed in the realm of small private businesses. It was not protected by the constitution, but was tolerated as a remnant of a capitalist ownership structure that had to be overcome.[6] Thus the state pursued a socialist land policy in order to minimize private property: it enforced the collectivization of agriculture through a socialist planned economy and the prevention of private ownership concentration. Up until the day of German unification, more than 90 percent of the economic activity in the GDR took place through state-owned enterprises.[7] The Wende put an end to these ownership regulations and brought on the establishment of a private ownership system for the purpose of a market-economy constitution.[8]

... NOT WITHOUT APPROPRIATION

At first, the notion of "appropriation" (*Aneignung*) appears to be nothing more but a questionable side effect of living amidst forms of property. It always marks encroaching expansions, its subsequent corrections, and overloaded double meanings. Appropriations are always transgressive acts of seizure (*Inbesitznahme*). They are always transgressions, always shifts of boundaries. Appropriations are always property offences. But this appropriation of property must have been preceded by another appropriation, appropriation as property. Appropriation is the capitalizing realization and measurement of cultural and social forms as property. Nowadays, it exists within a modern time horizon that, in retrospect, becomes increasingly naturalized and eternalized. It presents property as a naturalized mode of existence of things and people. And yet, the

1 Deutschland. Bundesministerium der Finanzen, eds., *Privatisierung in Deutschland* (Bonn: Bundesministerium der Finanzen, Referat Öffentlichkeitsarbeit, 1994), 27.

2 Cf. Guido Harder, *Das verliehene Nutzungsrecht: Herausbildung und Entwicklung eines Rechtsinstituts des DDR-Bodenrechts* (Berlin: Berlin-Verlag Spitz; Baden-Baden, Germany: Nomos, 1998), 8.

3 Constitution of the German Democratic Republic of April 6, 1968 (in the October 7, 1974 version), Article 2, Paragraph 2: "The firm alliance of the working class with the class of cooperative farmers, members of the intelligentsia and the other sections of the population, the socialist ownership of the means of production, and the management and planning of social development according to the most advanced findings of science form inviolable foundations of the socialist social order."

4 Cf. Harder, *Das verliehene Nutzungsrecht*, 7–8.

5 Cf. Markus Escher, *Die Vererbung von Eigenheimen auf ehemals volkseigenen Grundstücken* (Berlin: Berlin-Verlag Spitz; Baden-Baden, Germany: Nomos, 1997), 56.

6 Ibid.

7 Cf. Deutschland. Bundesministerium der Finanzen, eds., *Privatisierung in Deutschland*, 27.

8 Cf. Thomas Gülle, ed., *10 Jahre – Bundesamt zur Regelung offener Vermögensfragen* (Berlin: Bundesamt zur Regelung offener Vermögensfragen, 2001), 7. Translator's note: "Wende" is German for "the turning point", referring to the 1989–90 Peaceful Revolution.

prehistories of this period of appropriation are still in sight: they relate to the appropriation of private property as the beginning of the modern era of civil liberties, and the identification of life without property as its dependent variable. They relate to colonizations, and Christianizations, and nationalizations of gender norms and forms of thought. But these prehistories themselves are today interspersed within the often equally modern socialist and communist attempts to dispose of these forms of property and to allow expropriation (*Enteignung*) to take the place of appropriation. Expropriation of private property, not expropriation through private property. Expropriations that have the aim of making cultural and social forms experientially accessible beyond their acquired rights and their having acquired rights (*Besitz[zu]stand*). And only if one tries to understand even the GDR, this late offshoot of socialist hopes, as reorganized socialism rather than badly organized capitalism, as a society built within the horizon of a communally intended expropriation, then can one comprehend what exactly failed with it.

As a process of modernization preceding our present day, appropriation as a concept is not once listed in the *Historical Dictionary of Philosophy*.[9] Its absence marks it as a mere formality: it appears to have no philosophical content. The thinking subject of the modern Enlightenment has always possessed itself; it has always readily appropriated the world. It has always already liberated itself into property.[10] But that which is appropriated, that which is forced to live its life not as self-property but as alienable property, is lost to philosophy. And even in the *Historical Critical Dictionary of Marxism*,[11] where appropriation as an imperial form of seizure cannot be absent, this act of appropriation remains distinctly subordinate to property. This despite the fact that appropriation necessarily precedes property, despite that its transgressions in the horizon of private property always also equal the (re)production of its naturalized property-boundary itself, and despite that its repetition keeps on repeating its incessant shifting of boundaries as an unbounded founding myth: appropriation is the re(production) of property in a takeover without a handover (*in einer Übernahme ohne [Über]Gabe*). But from a socialist perspective, too, this problem turns out to be particularly consequential: here on one hand private property must be denaturalized to justify its expropriation into collective ownership. On the other hand, it remained extremely problematic for the socialist state to reject en masse this prior appropriation in two respects, with regard to the historical self-location and political identification of its political subject.

— Being a genuinely modern movement itself, socialism did not set out to question modern appropriation, what Karl Marx named the "so-called primitive accumulation."[12] It more so, particularly in the GDR, organized a social expropriation of its effects, a kind of unbuilding, which thus (also unintentionally) remained within the modern horizon.

But what weighs more heavily is the precedence of property for the socialist project in terms of its political subject:

— This self-property, the private ownership of the political subject for itself, is inscribed in socialism as the basic notion of modern freedom, as political subjects' ownership of society.

Modern socialism thus adopted not only a society of private property-owners from capitalizing preconditions, which it set out to dismantle, but also a subject whose concept of freedom remained a property title, even in its socialist variant. And (relatively) free of dismantling. To question this liberation through property would also entail a denaturalization of the juridical owner of the self, its modern subject. It means understanding the modern subject not as a bearer of emancipation, as a bearer of a legal title, but instead as a privileged, isolated form of human life in a "juridicism" organized by the nation-state, a civil juridification of freedom as individual property.[13]

As Jacques Donzelot already criticized in 1977, Marx himself never took the step of extending his materialist critique of life in capitalist property to the self-property of the subject, to its desires and modes of self-ownership.[14] Seeking living forms of freedom in the afterlife of forms of property ultimately means desiring something that no modern state, no modern subject, whether socialist or capitalist, can tolerate in itself—the abolition of the nationalizing (self-)distinction between citizens (as legally guaranteed subjects of the constitution) and the lives of others as something beyond this legal sphere.

9 Joachim Ritter and Karlfried Gründer, eds., *Historisches Wörterbuch der Philosophie* (Basel: Schwabe, 1971–2007), 1–13.

10 When Immanuel Kant in 1784 sets out to "answer the question: What is Enlightenment?", the exit from "self-inflicted immaturity" is the task of the "citizen" who is called upon to "publicly" use his reason. For Kant, humanity is underage, the citizen the subject of freedom. A very narrowly limited group of self-possessing inhabitants of the public sphere whose appearance as mankind has since then repeatedly given rise to the brutalistic reversal of the conclusion that the lack of liberty is not free for his self-inflicted minors, since they are not citizens. Original text reprinted in *UTOPIE kreativ 159* (January 2004): 5–10. On this among others see David Lloyd, *Under Representation: The Racial Regime of Aesthetics* (New York, NY: Fordham University Press, 2018).

11 Wolfgang F. Haug, Frigga Haug, and Peter Jehle, eds., *Historisch-kritisches Wörterbuch des Marximus*, (Berlin: Berliner Instituts für Kritische Theorie, 1994–), 1–9.

12 Karl Marx, *Das Kapital*, in Karl Marx and Friedrich Engels, *Marx/Engels: Werke* (Berlin: Dietz, 1962), 23:741.

13 Daniel Loick, *Juridismus: Konturen einer kritischen Theorie des Rechts* (Berlin: Suhrkamp, 2017).

14 Cf. Jacques Donzelot, "An Anti-Sociology," trans. Mark Seem, in "Anti-Oedipus," special issue, *Semiotext(e) II*, no. 3 (1977): 36.

The Russian Revolution of 1917 had still aimed at making this distinction obsolete — a communist world revolution of (self-)expropriation. After its failure, communism as socialism grew increasingly national. It became a question of property. GDR state socialism always had to content itself with existing as living self-contradiction, as the reactionary, property-conserving element of its own political ambitions: it was the attempt by means of political communalization to counteract economic socialization in the shape of private property, which was carried out by a state whose form of property itself remained ineluctable.

EXPROPRIATION

Public property in the GDR was intended to exclusively serve society and consisted first and foremost of acquired public assets and the expropriation of property through land reform, the assets of Nazi and war criminals, and of *Westeigentum* (property owned by West Germans, citizens of the FRG).[15] It is striking that the term "expropriation" is blurred when referring to the intervention of the state. In contrast to the FRG, there was no standardized term in GDR legislation and legal doctrine that referred to expropriation. The same process had different designations. "Claiming," "withdrawal of the right of ownership on the basis of a sovereign decision," or "provision" could all be seen as equivalents to the notion of "expropriation" in GDR law.[16] In the GDR constitution, "expropriation" served a non-commercial purpose and provided appropriate compensation through levies.[17]

The different notions of GDR state intervention in property became particularly apparent in the case of expropriation or appropriation of the property of non-citizens of the GDR. These properties served the socialist society through appropriation without accountable compensation. (In the FRG there was no systematic expropriation of GDR citizens' property.) Such a situation could arise for example, through inheritance. West Germans who inherited property in the GDR could in the first instance make use of real estate civil law administration through management contracts and powers of attorney in the GDR.[18] But the government continuously aimed to reduce private land ownership, and the encroachment on the property of West Germans often resulted in legal violations.[19]

ATTEMPTS OF ALIENATION

Appropriation, in particular in cases where its encroaching character becomes obvious in the form of expropriation, undermines forms of exchange and their notions of (in)equivalence. Forms of exchange are replaced by the stabilization of one form of ownership, of an owner, through the expropriation of another without compensation. Within the framework of the nation-state's privilege to regulate property titles as a modern administrative form of life in one's own dominion, such expropriations have never been the exception.

In 2015, for example, the magazine *Endnotes* wrote about the role of expropriation as a capitalizing modernization measure that was omnipresent until the late twentieth century and was primarily aimed at the social containment and industrialization of the peasantry. "When (such) expropriations were carried out, it was often done by representatives of the labor movement or at least with their support."[20] Expropriation does not historically oppose property, but rather occurs ultimately as an effect of property, as a means of its social unification within the respective national territory. Appropriation without expropriation, property without expropriation, ultimately remains unthinkable.

But private property not only secures the modern citizen's own possessions, with their continuity guaranteed by the state, it also promises above all to stabilize the person, their legal integrity and privacy. In the case of martial colonization or the proletarianization of the peasantry, modernization served as a form of justification for brutal expropriation. In contrast, bourgeois owners of private property can consider themselves quite justly modern: their being expropriated is unjust. Cedric J. Robinson illustrates that it was only through these ideological nationalizations of forms of living and working that the bourgeoisie as a subject of European history gained its position as the ideal form of political representation.[21] This is what makes their being expropriated a modern scandal of freedom while what is normalized is the expropriation of those un-modern lives who do not receive the corrective measure known as the legal title of status of citizen. In contrast to the de-individualization of colonial and ultimately agrarian life in this modernization-expropriation, the political

15 Cf. Harder, *Das verliehene Nutzungsrecht*, 29.
16 Cf. Escher, *Die Vererbung von Eigenheimen*, 228.
17 Constitution of the German Democratic Republic of April 6, 1968 (in the October 7, 1974 version), Article 16: "Expropriations shall be permitted only for charitable purposes on a statutory basis and against appropriate compensation. They may only be made if the intended charitable purpose cannot be achieved in any other way."
18 Gülle, ed., *10 Jahre – Bundesamt zur Regelung offener Vermögensfragen*, 18.
19 Ibid., 19.
20 Cf. "Preface: Betrayal and the Will," in "A History of Separation: The Construction of the Workers' Movement," special issue, *Endnotes* 4, https://endnotes.org.uk/issues/4/en/endnotes-preface.
21 Cedric J. Robinson, *Black Marxism: The Making of the Black Radical Tradition* (Chapel Hill, NC: University of North Carolina Press, 2000), 19–20, 37.

identity of modern citizens is causally determined by their ability to concretize their (self-)property.

In contrast, socialist states attempted to force social processes out of privatization through the expropriation and communalization of private property. If in the bourgeois horizon expropriation of property is an infringement of personhood (rights) that restricts the citizen's ability to self-represent, curtails his public mode of existence, and calls into question the safeguarding of his privacy, the socialist communalization practice of expropriation attempts or attempted to open up forms of life beyond property and promote or promoted the communalization of privacies. For better or worse. The state steps in to expropriate where property offences occur, where the handling of forms of property deviates from the paradigm of their nationalized legal norm regardless of whether it is collective or private property. Both here and there, one's own social role is determined by the nationally framed (un)representability of (self-)ownership.

However, the threat of a loss of form of self-ownership not only dominates the representability of life to the outside world, it also governs the (bourgeois) inner life: in Ulrike Ottinger's 1979 film *Bildnis einer Trinkerin* (Portrait of a Drunkard), alcohol connects the lives of two women in Berlin for whom the bourgeois status of their present is equally lethal. One, "She," isolated in her wealth, drowns in the privacy of her property, the other, "Lutze," a homeless woman, drowns in her (public) lack of property. Bourgeois life is devoted to the administration of property, its socialist expropriation attempts to mitigate the unliveability of its consequences. Thus expropriation not only creates forms of ownership, it also secures property in danger and intervenes where property threatens to lose its socially legible form. Lutze and She remain unsaved for Ottinger: they squander themselves to unliveability.

ALIENATION

In the course of German unification, land that had once been transferred into public ownership became part of an extensive legal and political process. This also affected former owners from West Germany. The Unification Treaty (der Einigungsvertrag) brought into force the law of the Settlement of Open Property Issues (Regelung offener Vermögensfragen), which had been a partial federal law since October 3, 1990. Officially, it stated: "For the first time, a legal basis had thus been created for compensating any encroachments on private property that occurred in certain areas in the new federal states of Germany."[22] By 2001, the federal office for the Settlement of Open Property Issues counted a total of 2,047,000 registered restitution claims.[23]

With deadlines for filing claims with the district offices and municipal administrations of independent towns, the Open Property process faced enormous scheduling demands. After several final deadlines had been set for property claims, December 31, 1992 was set as the cut-off date.[24] The short timeframe followed efforts to unify the two states quickly and compatibly. There was no time to develop a model that could take into account the different preconditions. The FRG became the measure of all things, which also became apparent in questions of property law. This kind of "integration" of the East into the Western system meant the adoption of the privatization policy that had been pursued in the FRG since the mid-1980s.[25] In order to strengthen the economically desolate new federal states (*Bundesländer*) and to advance "rebuilding," the acquisition and exchange of land was encouraged.[26]

FORMALISM

The legally binding end of socialist states inevitably brought about the embourgeoisement of the things they had communitized. The only reason this process is not called expropriation is because the expropriated subject in this case, the GDR as a social body, was already being dissolved because it no longer carried a legitimizing social form vis-à-vis the FRG as expropriator. Its (self-)representation was delegitimized and the embourgeoisement of its socialist property into capitalist privatism was presented as the only way forward. Much to the sorrow of those who understood it as the (further) beginning of something, not its end. As the beginning of a communitarian form, as the beginning of the end of property. The nation-state formalism of modern forms of property, however, forces life in its midst into the political standards of its representability. And so those lives which had taken on a socialist form became increasingly formless with the dissolution of the GDR into the FRG; their representability was reformulated through capitalizing appropriations, their forms ever changing. In retrospect, incomplete state socialism ultimately turned into failed capitalism after all, representable only within those parameters to which its enterprises, its products, its ways of life, were, contrary to their intentions, now ascribed. The history of the GDR was lost in images of failed forms of property.

22 Axel Hermann, ed., *Vermögensfragen: Versuch einer Bilanz* (Berlin: Bundesamt zur Regelung offener Vermögensfragen, 2001), 7.
23 Ibid, 107.
24 Gülle, ed., *10 Jahre – Bundesamt zur Regelung offener Vermögensfragen*, 46–7.
25 Cf. Bundesministerium der Finanzen, *Privatisierung in Deutschland*, 26.
26 Cf. Hermann, ed., *Vermögensfragen*, 8.

But how can an image of a past be produced that stages this in its incompatibility with the present, in its unrepresentability as the present? How can the image prevent this from sinking into the icon of a now formless loss?

Julian Irlinger's artistic practice always touches on social places and historical moments like these, where forms of representation of modern values fail without ceasing to exist. A pictorial practice of framelessness, a kind of second-hand formalism of modern standards recorded in moments of their historical self-contradiction:

SCENARIO 1: *PROPS*

The New York Frick Collection, in whose haute-bourgeois architectural embedding of the works of art from every period is represented here as pre-modernism, wherein a legitimizing context of its own presence of historical modernity is enclosed, appears in Irlinger's lenticular prints of detailed views as a panorama of overlapping individual elements, whose isolation from one another ultimately proves superfluous when viewed from the present. A modernity (*eine Moderne*) that not just within the digital view of a Google visit dissolves and condenses into an atmospheric image. Without consigning them to a defeatedly decorative history of style, Irlinger intertwines the work and vitrine, the courtyard and the interior decoration, the architecture and the exhibition. Rather, the Frick Collection, with its forced consistency of a modernity born from the Renaissance, is exaggerated beyond its icons. They become props. The pictorial space of that which makes the Frick Collection culturally readable to this day is entirely clarified in Irlinger's extension into a set of the environment's elements. The pictorial space is spelled out as a permanent series of self-overlays. An expansion that is ultimately not lost, but rather completed by its digitally rendered optical repetitions and their slightly shifted scales between different formats.[27] That which the collection appropriated from the most diverse historical contexts and unified into its own prehistory is now unifying itself in a panoramic view back to all that has been declared as its representation. Modern historiography has always traced everything back to itself, becoming indiscriminate in itself, and yet it does not end even there, where the result has become all-round visual background noise.[28] The image of a form that fell out of time because it spread over all other times. In Irlinger's perspectival distortions, it is the resulting blurring of our cultural-historical interior design that is itself being framed. The image itself transforms from icon to prop without losing its meaning.

Here, Irlinger veils the archetype of the modern rule of representation, the aesthetic identification of cultural (self-)property in views of the indiscriminate seriality that it necessarily draws upon through its claim to generalization. As David Lloyd points out in his 2018 collection of essays, modern life is of an "under representation," a social structure within which the political authorization and social recognition of individual life depends entirely on its representability within the framework of modern property systems.[29] In contrast to Lloyd, Irlinger does not start from the exclusions of this representability. He does not attempt to use the means of aesthetics to visualize their systemic circle of influence. He more so follows the inclusions themselves to their end, to the point where, in the case of the *props*, they begin to blur in their own claim to universalization. An appropriation that generalizes into its own formlessness, into an imperceptibly blurred reflection.

SCENARIO 2: *FRAGMENTS OF A CRISIS*

An unusually narrative title frames Irlinger's most historic work: *Fragments of a Crisis* illustrate past short stories of unstable value. They are reproductions of collector's items, a panorama of forms of exchange that changed their value. Regionalist *Notgeld* all too quickly turned into folkloric art.[30] While the earlier *Props* and the new project *Gift* each depict moments of boundary-dissolving narrative forms, *Fragments of a Crisis* frames narrative proliferations, ephemeral imitations of the central form of exchange of modern universalism: money. Where its pictorial existence is otherwise an epiphenomenon of its universally valid capacity for abstraction, it speaks, explains, instructs in Notgeld. Notgeld is money that has to explain itself, that becomes empirical. Money whose value has a foreseeable end. At the end of the 1960s, Alfred Sohn-Rethel described the exchange within capitalist value-society as a "non-empirical act,"[31] as a deed within which the consciousness of the exchanging parties plays no role. The crisis of form along which Irlinger used Notgeld to illustrate this generalization's loss of value does not visually mark the

27 The material basis of Irlinger's lenticular prints is the difference in perspective between the line of sight within which Google depicts the Frick Collection and the line of sight within which the collection itself is put online. See Julian Irlinger, ed., *Props* (Leipzig, Germany: Spector Books, 2019).

28 Walter Grasskamp, *Ist die Moderne eine Epoche? Kunst als Modell* (Munich: Beck, 2002).

29 Lloyd, *Under Representation.*

30 Translator's note: *Notgeld* is German for "emergency money," currency issued by an institution in a time of economic or political crisis and typicially referring to monies of the Weimar Republic.

31 Alfred Sohn-Rethel, "Der Formcharakter der Zweiten Natur," in Chris Bezzel et al, *Das Unvermögen der Realität: Beiträge zu einem anderen materialistischen Ästhetikum* (Berlin: Klaus Wagenbach, 1974), 187.

historical moment of dedifferentiation, as in the case of the generalization of the modern gaze into the indiscrimination of *Props*, or in the case of the dissolution of the boundaries of socialist collective property into the generalized asociality of private property in *Gift*. On the contrary, Notgeld characterizes the temporary and regional failure of the form of exchange as a radical dedifferentiation of all modern life. It makes exchange an "empirical act," makes it narrative, makes it overflow with differences.

"Money", as Karl Marx wrote in "The Poverty of Philosophy," "is not a thing but a social relation."[32] In Notgeld, this society takes a step backwards. In it, the failure of societal relations becomes visible; it breaks down into regional and temporal concretions. Irlinger assembles this Notgeld into an art historical exhibition of reactionary vitalizations of sorts: framed as an icon of a past history, glued together as building material for children's kites, it illustrates not an alternative to generalized exchange, but its inherently reactionary consciousness. The absence of consciousness in exchange about which Sohn-Rethel wrote is not a blank space, but a de facto negation of consciousness whose reactionary latency manifests in Notgeld. For it is not modern history that is represented on the paper money of the crisis, not a process that can be retrospectively (re)interpreted as progress. Notgeld allows values to take the place of value-abstraction, regionalist values, conservative values, literally reactionary values, which continue to subsist within the forms of life capitalistically forced into modernization, and whose latent omnipresence in modern life surfaces through Notgeld. On the transitional currencies created by regional artists there are pictorial repetitions of aphorisms as well as local political interventions, pictorial prejudices, traditional forms, and nostalgic stylizations of landscapes and crafts: they show a world that is not only "amodern" but also anti-modern. This is what Ernst Bloch characterized as "non-simultaneity" in his early book on German fascism:[33] the capitalizing progress that determined the early twentieth century and with feudalistic powers continued to dictate the rural population's quotidian experience did not coincide with the subjective horizon of experience. Notgeld is reactionary to the same extent that the lives of the people who used it remained reactionary. It depicts a naturalistic panorama of the powers that were not overcome by capitalization, only suppressed.

The becoming-art (*Verkunstung*) of these quite genuinely reactionary cultural forms, the framework set by Irlinger through the representation of Notgeld as contemporary art, demonstrates the infrastructural blindness of another form of universalization of modern capitalist communitization: art. The interplay between the pictorial character of the objects arranged by Irlinger and their rarity, the fact that the utility value of these papers has expired, alone makes them art. Just as much as money as a general form of exchange is blind to what is exchanged, just as much as it is "not empirical," art, too, is blind to what is represented in it, it, too, is "not empirical."

In *Fragments of a Crisis*, Irlinger made art empirical by artistically producing a form whose content remains unacceptable, by freeing this content, by allowing its becoming-art to remain abstract instead of adding a concrete measure of value to it (for example, through criticism). This is an operation that also produces itself in different ways in *Props* and *Gift*: Irlinger repeatedly stages artistic acts that cast doubt on the infrastructural existence of art.

Claudia Aradau, in her work on "critical infrastructure," those socially vital logistics, states that, in general, "societies are 'grounded' by infrastructure; their functioning, continuity, and survival are facilitated by the protection of infrastructure."[34] Art is clearly not "critical infrastructure." But its role within the self-representation of economic and political powers is nevertheless infrastructural in the very sense that Aradau defines the term. In his works, Irlinger constructs the infrastructural insecurities of art: in *Fragments of a Crisis* for instance, by making them empirical through the reactionary pictorial content of Notgeld, a regionalist infrastructure; in *Props* by specifying the infrastructural system of modern pictorial creation as blurred relations; and in *Gift* by using his own family history as a marker of an infrastructural change of power. In all three cases, the infrastructural role of art is central: Irlinger uses its capacity to provide aesthetic forms of representation for any kind of content beyond empiricism to interpret scenarios of infrastructural fractures and breakdowns.

PICTURES AS INFRASTRUCTURE

The photographs printed here (see p. 15 – 48) were probably taken shortly after the retransfer of the Böttcherstraße 3d property in Schönebeck to my grandmother. I found them in a moving box in the summer of 2019. The pictures were not kept in a family album, but in a file with documents related to the property (see I – X G). You can see the front, back, and inside of the house. The architecture has been photographed in such a way that oblique views, blurriness, and reflected images dominate. The photographer's name is not known and the reason for the pictures' creation is hardly visible to the naked eye. Residents of the house would have had a different relationship to the photographs

32 Karl Marx, "Das Elend der Philosophie," in Marx and Engels, *Marx/Engels*, 4:107.

33 Cf. Ernst Bloch, *Erbschaft dieser Zeit* (Zürich: Oprecht und Helbling, 1935).

34 Claudia Aarau, "Security That Matters: Critical Infrastructure and the Objects of Protection," *Security Dialogue* 41, no. 5 (October 2010): 500.

than the large landowners who would have liked to acquire a piece of land for speculation. With these pictures, one could also try to illustrate the history of the decline of GDR residences. The true motivation, rather, was to turn a house into an attractive commodity. The ownership regulations of the FRG, which were enforced for the new German *Bundesländer*, made the property profitable again. While before the expropriation of the property in the GDR era it would probably not have yielded more than 10,000 (GDR) marks, it was sold in 1992 for 335,000 Deutsche Marks.[35] In this context it becomes obvious that the pictures were commissioned to estimate the value of the building for sale. They record the interweaving of various economies – property, merchandise, valuation, damage, family, the post-unification years, history… The photographs form an infrastructure for economy and politics.

SCENARIO 3: *GIFT*

Ownership determines the picture's ground. In the case of *Props*, it is a cultural history whose representability can only be secured in continuing to demonstrate its boundless possibility for appropriation; in *Fragments of a Crisis*, art itself is put at the mercy of the reactionary reason for its appropriations: it is the modernizability of every pictorial space that blurs the modern gaze. Irlinger sharpens it as a self-contradiction. In the case of *Gift*, however, Irlinger has not expanded the image in his field of vision. Rather, for all intents and purposes, he seems to question its visuality itself: *Gift* is a visual bundle whose pictorial properties remain inconsistent. Irlinger's work does not generate a series of singular artworks (*Irlingers Arbeit wird kein Werk*). The fact that the images, photographs, and documents that Irlinger strings together here lack a consistent authorship in the end does not make them anonymous. It does not let them become abstract; they do not become archival evidence, but rather remain a concrete collection of clues. There is something personal to be found in the documents, but it is the name of his grandmother, not the artist's own signature. And in the end, she too does not appear as an author here, but as a person of law, a legal form assigned to a vested right (*Besitzstand*). *Gift* is the visually documented past form of her possessions. The elements of Irlinger's *Gift* are gathered around an object in a state of changing appropriation (*Zueignung*): *Gift* gathers the past moment of a change of form that ultimately remains without image, and whose participants were not its authors. The letters, the legal papers, the photographs, remain inconsistent because Irlinger does not become their author. He is merely their temporary owner: his compositions are artistic works toward an inherited moment of temporary formlessness. Their object, the house in Schönebeck, can only remain inconsistently represented because its present form no longer resembles that of the past. Even if it had barely changed today, even if it had not been renovated, not been capitalized, that is, not cared for as private property. *Gift* questions the representability of an object whose documented form the artist has access to only for the brief moment of its reappearance in family ownership. To become visually nostalgic here would separate the photographs from the documents, including those handed over to the Wende Museum. Irlinger, however, strictly prevents any romantic transfiguration of past property by making legible the collection of photographs of interiors and exteriors only as props of a capitalization of land in the territory of the former GDR, framed by the documents of the transfer of ownership.

We are looking at photographs taken at the very moment when the socialist social mandate had ceased to exist and capitalization did not (yet) convey any new meaning, only a new right. Irlinger demonstrates this right and the presence of one's family in it. They are documents of a family property in the past tense, of a moment when one's own family was paid off for the loss of meaning of a place that had been separated from them by GDR law.

Gift is in this sense not a political piece. Rather, it marks the political space as a blank space where one's own family history rots historically within a social context that only appears as a legal context, as a cohesion of expropriation and appropriation. We see the GDR's expropriation of private owners of the FRG: Irlinger interprets the image of an unrepresentable transition, another panorama, one in which the documents no longer differ in their surface but only in their effect. The images become illegible in that the property that determines the visual ground was documented where it is questionable. Irlinger doesn't conceal any family history from his grandmother's estate, but rather shows her as the executor of a changed legal form, as the executor of an appropriation. An applicant for a legal title that accompanies the transfer of socialized property into recapitalized property. As a result, Irlinger's own authorship in *Gift* becomes administrative: he opens up a formlessness in the image that deliberately gets caught halfway between artifact and artwork. An appropriation without any prospect of ownership.

LIMITS OF THE ARCHIVE (THE WENDE MUSEUM OF THE COLD WAR)

The Wende Museum of the Cold War was founded in Los Angeles in 2002 with the intention of "[supporting] the

35 Cf. X D in this publication

advancement of international scholarship in Cold War history."[36] It pursues extensive acquisition (*Erfassen*) of the material culture of former opposing states during the Cold War. The institution thus possesses the world's most extensive collection of everyday objects from the GDR.[37] The museum is funded by private donations, including those from Germany.[38] The museum requires no admission fee, offers educational programs, and collaborates with international visual artists.

When looking at the museum's holdings from a European perspective, it seems to emanate something exotic. The Wende Museum does not hide the cleft between imported GDR everyday objects and the city of Los Angeles. The location is striking as well, not least because of the USA's involvement in the Cold War. However, no US victory myth is conjured up in the exhibitions, and cooperation with European institutions is a permanent feature of the museum's projects.[39] But what kind of dynamic occurs when a former enemy's legacy is exhibited thousands of kilometers away? Sharon MacDonald describes how the modern museum has played a significant role in the context of national identity-building: "The ownership of artifacts from other cultures was.... important because such cultural artifacts also testified to colonialist nations' ability to collect and control beyond national borders. In this sense, they demonstrated the capacity for knowledge and domination, and at the same time, they were proof for museum visitors that their nation or city played a role on the world stage."[40] Accordingly, all everyday objects and cult objects owned by the oppressed arrived at the museums of the colonial powers. However, the possessions of the Wende Museum were not looted, but came from donations and purchases from Europe. Another difference from the colonial powers' logic of appropriation is that the Wende Museum preserves much that would have been immediately scrapped. Paraphrasing the words of director Justinian Jampol, the Wende Museum turns trash into historical artifacts.[41] Thus, the institutional inventory's "filter" does not follow any academic canon. Aleida Assman uses the word "accumulation" (*Ansammlung*) to describe the logic of the archive in contrast to that of the collection, which is created in a controlled manner.[42] The Wende Museum is more of an extensive archive that presents a collection in exhibitions according to self-chosen criteria. Despite a very broad-based interest in collecting, blind spots inevitably arise in the museum's structure when artifacts are categorically excluded from the collection. The exclusion from the collection occurs for instance, when the Wende Museum finds that an object is well-preserved and not in danger of falling into obscurity. However, this decision does not follow any verifiable criteria. This institutionally defined boundary of the archive is a scene of struggle over the representation of the past in the present and the future. The museum's archive does not yet preserve any evidence of the appropriation of *Westeigentum* in the GDR and its retransfer in the course of unification. The material from the context of the Böttcherstrasse 3d property in Schönebeck will be included exclusively in the Wende Museum because the donation is conceived as a work of art. The donation is a permanent intervention in the institutionally defined boundaries of the Wende Museum's archive.

GIFT [43]

The museum apparatus has always contributed to the construction of the identity of "one's" nation, as MacDonald illustrates. Today, the concept of the nation appears globally and has become inseparable from political consciousness.[44] The question of national identity thus also arose for the unification of the FRG and GDR. Daniel Kubiak describes how a possible model of national identity was rejected in the post-unification period that would have

36 Justinian Jampol, "Acknowledgements and a Short History of the Wende Museum," in *Beyond the Wall: Art and Artifacts from the GDR*, ed. Justinian Jampol (Cologne: Taschen, 2014), 894.

37 Cf. Justinian Jampol, interview by Susanne Lenz, "Wende-Museum bei Los Angeles: Die größte Sammlung von DDR-Gegenständen gibt es in Kalifornien," *Berliner Zeitung*, November 17, 2014, https://www.berliner-zeitung.de/kultur-vergnuegen/wende-museum-bei-los-angeles-die-groesste-sammlung-von-ddr-gegenstaenden-gibt-es-in-kalifornien-li.32074.

38 Benedikt Taschen donated half a million dollars for the renovation of the museum in Culver City. Five million dollars came from the London-based Arcadia Fund, which has supported the institution for several years. See Wende Museum, "Publisher Benedikt Taschen Takes Leading Role in the Wende Museum's Renovation of the Historic Armory Building in Culver City, California." May 14, 2014, https://www.wendemuseum.org/news/publisher-benedikt-taschen-takes-leading-role-wende-museums-renovation-historic-armory-building. The Getty Trust supports the museum's conservation efforts and has funded an internship program. See Jampol, ed. *Beyond the Wall*, 2014.

39 The Wende Museum worked with the Leipniz Centre for Contemporary History Research in Potsdam, the Dresden State Art Collections, the Documentation Centre for Everyday Culture of the GDR in Eisenhüttenstadt, the Berlin Wall Memorial, and the Beeskow Art Archive, among others.

40 Sharon MacDonald, "National, Postnational, Transcultural identities and the Museum," in *Geschichtskultur in der Zweiten Moderne*, ed. Rosmarie Beier (Berlin: Deutsches Historiches Museum, with Campus, 2000), 127, Exhibition catalogue.

41 Cf. Justinian Jampol, "Beyond the Wall," in Jampol, ed., *Beyond the Wall*, 11.

42 See Aleida Assman, "Archive im Wandel der Mediengeschichte," in *Archivologie: Theorien des Archivs in Philosophie, Medien und Künsten*, ed. Knut Ebeling and Stephan Günzel (Berlin: Kulturverlag Kadmos, 2009), 173.

43 Until the nineteenth century, the word *Gift* in German referred to a gift or present, retaining the meaning of a bridal dowry. A shift that marks the coexistence of the German and English languages. The word pair differentiates between the German *Gift* (English "poison") from the English "gift" (German *Gabe* or *Geschenk*). Both stand for the change of a state through external influence, with different connotations. Poison corrupts, while the gift is generally regarded as a demonstrative gesture of generosity. Various disciplines question a selfless conception of the gift in order to understand it as a social obligation. Potentially, every gift is subject to a calculation waiting for something in return. Mutuality carries a potential risk, as it remains unclear whether or how it is reciprocated.

44 Cf. Benedict Anderson, *Imagined Communities: Reflections on the Origin and Spread of Nationalism* (London: Verso, 2006), 135.

made it possible to demystify the established German narrative. Through the method of integration, the diversity, variety, and heterogeneity of society could have been the focus of attention. In other words, a model that could have taken people with migration histories and/or experiences of racism into account as well. After the fall of the Berlin Wall, however, an all-German identity was (again) constructed through the method of assimilation. This meant the adjustment of an (East German) group into the social behavior and norms of the (West German) majority, which led to the abandonment of the former culture and identity of GDR citizens.[45] This demonstration of the superiority of the West naturalized the West German past in having the West provide the capitalistically shaped value system. Symbolically, the Deutsche Mark was carried over into the new federal states and the Palast der Republik was torn down. The logic also functioned on a legal level, where the "Law for the Clarification of Open Property Issues" (*Das Gesetz zur Klärung für offene Vermögensfragen*) overwrote socialist property law. The materials of the donation to the Wende Museum from the context of the Böttcherstrasse 3d property are evidence of conflicting unification in the sense of the nation state. Assman writes about the unification of different memories: "They only gain their homogenization at the level of representation, which tend towards harmonization and appropriation."[46] The homogenizing assimilation of the East within the West involved a pejorative representation of the GDR compared to the harmonization of Western values. Visible, for example, in the phenomenon of *Ostalgie*, a nostalgic transfiguration of the GDR cannibalized in the media that has been perceived as a trivialization of the Stasi past. A current case study shows, however, that East Germans remember the post-war period in a glorifying way, that is, remarkably similar to how West Germans do. People who grew up during the Cold War are no more nostalgic in the former GDR than in the FRG.[47]

What remaining possibilities there will be to remember the Cold War is manifested, amongst others, in the institutionally defined boundaries of the archives. Here, boundaries of the nation states do not apply. Through the donation to the Wende Museum, the material from the context of the Böttcherstraße 3d property leaves nationally determined boundaries in order to strain the unifying authority of national identity and the writing of history.

45 Cf. Daniel Kubiak, "Socialization, Downgrading and Othering: The Formation of Identity of Young 'East Germans'," in *The GDR Today: New Interdisciplinary Approaches to East German History, Memory and Culture*, ed. Stephan Ehrig, Marcel Thomas, and David Zell, Studies in Modern German and Austrian Literature 6 (Oxford: Peter Lang, 2018), 196.

46 Aleida Assmann, *Der lange Schatten der Vergangenheit: Erinnerungskultur und Geschichtspolitik* (Munich: C. H. Beck, 2018), 202.

47 Cf. Marcel Thomas, "Beyond Ostalgie: Villagers and Social Change in East and West Germany," in *The GDR Today*, 157.